DÉBUTER le

TRADING

CRYPTOMONNAIES

Une méthode complète et facile pour être rentable

Sylvain Rouer

Edition 2024

SOMMAIRE

SOMMAIRE

Préface

Cet ouvrage aborde l'investissement en cryptomonnaie de manière aussi simple que possible. Il s'agit d'un condensé d'informations recueillies au fil du temps, mises en pratique dans des investissements à court, moyen et long terme. Dans cet ouvrage, je partage exclusivement ma vision personnelle du trading et de l'investissement. Il vous incombera d'adapter cette méthode à votre propre style de trading, qu'il soit plus ou moins agressif.

Nous aborderons d'abord la dimension psychologique, cruciale en trading. Ensuite, nous nous pencherons sur l'aspect technique du trading. Je présenterai les plateformes de cryptomonnaie que j'utilise personnellement pour mes investissements, les frais de transaction, et les systèmes de paiement. J'expliquerai mon approche de la gestion du risque et son importance dans le trading. Les investissements à long terme (moins de temps devant les écrans), moyen et court terme (trading actif) seront étudiés en détail. Je vous présenterai également quelques cryptomonnaies significatives que je possède en portefeuille.

Ceci n'est en aucun cas un conseil en investissement. Je vous encourage à effectuer vos propres recherches avant d'investir dans des cryptomonnaies.

Cette méthode ne doit pas être suivie à la lettre. Elle doit être améliorée et adaptée en fonction de la cryptomonnaie détenue et des actualités, qu'elles soient positives ou négatives.

Je vous exprime toute ma gratitude pour votre confiance en acquérant ce livre. Je m'efforcerai de retranscrire avec un maximum d'authenticité les informations que j'ai acquises ces dernières années.

CHAPITRE 1

Le modèle à utiliser en fonction de la période de temps.

Au début, il est crucial de déterminer quel modèle d'investissement nous convient le mieux. Cela implique de prendre en compte le temps que nous souhaitons consacrer aux écrans, les risques que nous sommes prêts à accepter, et notre philosophie d'investissement. Bien entendu, il est recommandé à chacun de diversifier son portefeuille en adoptant plusieurs modèles d'investissement.

Investissement long terme (holding)

Nous aborderons le premier cas, celui de l'investissement à long terme, qui est de loin la méthode la plus simple pour gagner de l'argent de manière efficace sur la durée. Dans ce contexte, l'analyse fondamentale de la cryptomonnaie choisie est essentielle. Cette cryptomonnaie doit présenter les qualités suivantes :

- Avoir peu de concurrents dans son secteur.

- Offrir une utilité tangible pour les décennies à venir.

- Avoir un nombre de jetons (tokens) distribués sur le marché raisonnable.

- Être portée par une équipe solide (nombre d'employés, personnalités reconnues dans le secteur, etc.).

- Ne pas être surévaluée.

- Satisfaire une forte demande.

Par exemple, une cryptomonnaie créée par une équipe sérieuse et dotée de ressources substantielles, opérant dans le domaine de l'écologie sur fond de réchauffement climatique, serait bien positionnée pour réussir à l'avenir. À l'inverse, une cryptomonnaie ayant un impact négatif sur l'environnement ou favorisant la corruption aurait peu de chances de succès à long terme.

Dans le secteur technologique, une cryptomonnaie liée à la blockchain et à l'IA pourrait également prendre une importance croissante. Prenons l'exemple du Bitcoin : malgré sa consommation énergétique élevée, des innovations en énergie renouvelable pourraient résoudre ce problème à court terme. De plus, le Bitcoin offre une sécurité inégalée dans l'univers de la blockchain, ce qui le positionne comme une monnaie à fort potentiel pour l'avenir. Toutefois, il est crucial de surveiller les questions énergétiques, car les fermes de minage devront, à mon avis, utiliser des énergies propres pour que le Bitcoin puisse conserver sa place prééminente. À moyen terme, l'introduction d'un ETF Bitcoin pourrait significativement valoriser son prix.

L'analyse fondamentale doit être complétée par l'analyse technique pour confirmer une tendance haussière des prix. Pour l'investissement à long terme, il convient de privilégier les unités de temps annuelles (Y) et mensuelles (M).

Trading moyen terme (Swing Trading)

Nous abordons maintenant la catégorie du Swing Trading, qui constitue une méthode de trading à moyen terme. Contrairement à l'investissement sur le potentiel à long terme d'une cryptomonnaie, le Swing Trading repose principalement sur l'analyse technique. La sélection de la cryptomonnaie se fera en fonction des figures chartistes, des niveaux de support et de résistance, ainsi que des signaux émis par différents indicateurs.

Pour le Swing Trading, nous utiliserons principalement les unités de temps suivantes :

- Mensuel (M)

- Daily (D)

- 4 Heures (4H)

Cela consiste à détecter des opportunités d'achat ou de vente aux moments les plus propices.

Prenons l'exemple, illustré à droite dans le graphique 1, du Bitcoin en données quotidiennes (Daily). Acheter aux points les plus bas et revendre aux points les plus hauts aurait permis de réaliser un gain conséquent. Bien entendu, dans la pratique, il est très rare de capturer l'intégralité du potentiel de hausse. Idéalement, le Swing Trading peut engendrer des gains plus importants que l'investissement à long terme. Cependant, en réalité, la plupart des investisseurs trouvent l'investissement à long terme plus rentable. Le Swing Trading nécessite une exécution parfaite et un plan strict pour surpasser l'investissement à long terme. Comme l'investissement à long terme, le Swing Trading ne requiert pas de passer de longues heures devant l'écran. Dans cet exemple, la durée des trades a varié entre 5 et 55 jours.

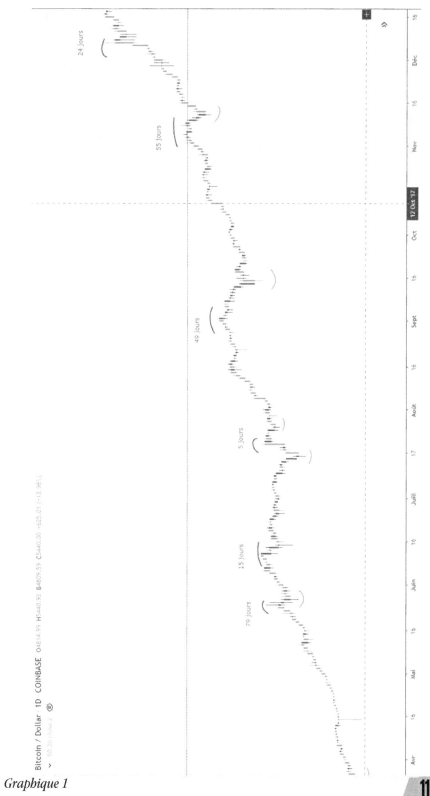

Graphique 1

Trading court terme (Day Trading)

Voici votre texte corrigé pour une meilleure clarté et précision :

Nous abordons maintenant le trading à court terme, qui nécessite une présence soutenue devant les écrans. Généralement, les trades ne durent pas plus d'une journée. C'est une approche qui, avec une gestion du risque rigoureuse, peut générer d'importants gains cumulés sur le mois. L'analyse technique est cruciale et doit être minutieusement effectuée avant de décider d'acheter ou de vendre.

Considérons l'exemple du Bitcoin sur un graphique de 15 minutes (graphique 2), situé ci-après à droite. En appliquant cette méthode, le gain total atteint 5,4%, un pourcentage qui aurait été moindre si les positions avaient été maintenues sur toute la période. Dans ce type de trading, choisir un courtier adapté est essentiel pour minimiser les frais de transactions inhérents au Day Trading. En effet, il est inutile de trader si les gains sont inférieurs aux frais de transaction encourus.

Pour le trading à court terme, nous utiliserons principalement les unités de temps suivantes :

- 1 Heures (1H)

- 15 mn

- 5 mn

Pour le trading à court terme, l'unité de temps de 4 heures (4H) est essentielle pour confirmer la tendance principale du marché.

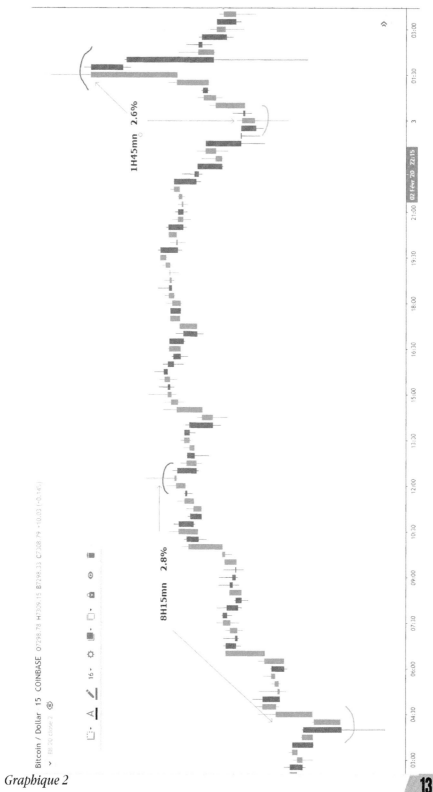

Graphique 2

Trading très court terme (Scalping)

Pour conclure, évoquons le trading très court terme, qui exige une présence active et prolongée devant les écrans tout au long de la journée. Cette approche, basée sur de multiples micro-trades quotidiens, est généralement déconseillée pour la cryptomonnaie. Elle requiert une expérience avancée, car il est ardu de battre le marché et de compenser les frais de transaction. De plus, la compétition avec les algorithmes de trading, qui dominent ce segment, rend la tâche encore plus complexe. C'est pourquoi nous n'explorerons pas cette technique de trading dans cet ouvrage.

CHAPITRE 2

La psychologie dans le trading.

Dans ce chapitre, nous abordons la psychologie, un aspect crucial dans la vie du trader. Nous examinerons d'abord les biais psychologiques fréquemment rencontrés chez la majorité des traders. Ensuite, nous établirons une liste des qualités essentielles à développer en matière de gestion des émotions et du stress.Le marché est en grande partie façonné par la psychologie des différents acteurs, ce qui souligne l'importance de ne pas négliger cet aspect.

Les principaux défauts de la majorité des traders

Dans le trading, on estime que 70 % à 85 % des traders subissent des pertes sur le long terme. Ces pertes sont souvent attribuées à une gestion hasardeuse du risque, mais aussi à des biais psychologiques qui engendrent des émotions irrationnelles. On observe que la plupart des traders ont tendance à acheter au sommet et à vendre au creux, une stratégie contre-intuitive.

En effet, le trader entre généralement dans le marché trop tard, après l'apparition de grandes bougies vertes, craignant de "rater le train". Une fois qu'il investit, le marché, après avoir significativement monté, commence à corriger.

Le trader, pris de court par la baisse des cours et guidé par ses émotions, laisse son trade ouvert, pensant que le marché se reprendra après un léger retracement. Mais le cours continue de chuter, et face à l'ampleur de la perte, le trader vend dans la désespérance au plus bas niveau. Par la suite, le trader devient soit réticent à initier un nouveau trade de peur d'encore perdre, soit il repart en trade précipitamment sur de faibles signaux, espérant se refaire. Dans les deux cas, il est susceptible de prendre de mauvaises décisions de trading.

Un autre écueil pour le trader est de croire en l'existence d'un système infaillible, refusant d'accepter la perte et considérant le trading uniquement comme une source de gain. Ainsi, la moindre perte peut déclencher une émotion intense, influençant négativement ses décisions de trading.

Il est également important de ne pas se laisser influencer par les analystes de marché. Leur vision n'est pas forcément la vôtre. Souvent, lorsque le sentiment général va massivement dans une direction, il peut être judicieux de considérer la position opposée, sachant que certains acteurs professionnels manipulent habilement la psychologie des masses.

Les qualités à acquérir d'un bon trader

Un trader rentable est celui qui utilise ses émotions pour capitaliser sur le marché. Il est crucial d'apprendre à s'auto-critiquer et à se remettre en question constamment. Parfois, analyser ses émotions au moment présent, les comparer à l'ambiance générale et décider d'aller à contre-courant peut être bénéfique.

En matière de gains et de pertes, la tendance générale est de réaliser les profits trop rapidement par peur de les perdre et de laisser filer les pertes. Une gestion logique implique de laisser mûrir les gains et de couper rapidement les pertes, une stratégie essentielle pour maximiser la rentabilité à long terme.

Après une perte difficile à encaisser, il est crucial pour le trader de passer à autre chose. Prendre du recul, en s'éloignant des écrans pendant quelques jours pour se recentrer, peut aider à reprendre avec sérénité. Le focus doit être mis sur le processus et non sur les résultats, en respectant scrupuleusement le plan de trading établi. Le trader doit avoir confiance en lui et, en cas d'erreur, éviter de blâmer les conditions de marché ou les actualités.

Il doit être persévérant et viser des objectifs à long terme. La remise en question doit être une pratique continue, car le marché a toujours raison : il est dynamique et en constante évolution, et l'approche psychologique comme analytique doit être adaptée en fonction du contexte.

CHAPITRE 3

L'analyse fondamentale est-elle toujours pertinente ?

L'analyse fondamentale est employée par de nombreux intervenants. Certains la considèrent comme essentielle, tandis que d'autres la trouvent superflue, préférant se fier à l'analyse technique. Dans ce chapitre, nous examinerons les avantages et les inconvénients de l'analyse fondamentale. Nous nous attacherons également à établir le lien entre elle et l'analyse technique, montrant comment elles peuvent se compléter dans certaines circonstances.

Reconnaître une cryptomonnaie à fort potentiel

Comme mentionné précédemment, pour un investissement à long terme (Holding), une cryptomonnaie doit posséder une valeur fondamentale solide. Elle doit satisfaire un besoin spécifique et sa technologie sous-jacente doit être bien comprise. Il est important qu'il n'y ait pas un excès de jetons en circulation ou de réserves disponibles. Prenons l'exemple du Bitcoin, qui compte actuellement environ 19,3 millions d'unités en circulation, avec un plafond total fixé à 21 millions. Le Bitcoin est considéré comme une cryptomonnaie rare et pourrait être utilisé comme valeur refuge, semblable à l'or, dans les prochaines décennies, à moins qu'il ne soit surpassé par une autre cryptomonnaie plus évolutive.

La cryptomonnaie doit aussi jouir d'une reconnaissance publique, avoir une bonne réputation et faire face à peu de concurrence directe. Il est crucial de suivre les annonces sur le site de la maison mère, sur X (anciennement Twitter), YouTube, etc. Des publications fréquentes et positives sont généralement un bon indicateur.

L'équipe derrière la cryptomonnaie doit mettre à jour le code régulièrement et viser à rester en avance sur ses concurrents principaux. L'introduction de la cryptomonnaie sur une plateforme d'échange et l'annonce de partenariats avec des entreprises de renom sont des événements à surveiller attentivement, car ils peuvent souvent annoncer une hausse significative des prix.

Cependant, il faut être prudent, car cette hausse peut déjà être intégrée dans le prix actuel. Il est donc crucial de choisir le bon moment pour investir. Comme le dit le proverbe boursier :

Il faut acheter la rumeur et vendre la nouvelle !

L'analyse fondamentale vs l'analyse technique ?

L'analyse fondamentale prend tout son sens dans le contexte du Holding, mais son utilité dans le trading, que ce soit en swing trading, day trading ou scalping, est discutable. Comme nous l'avons observé précédemment, le marché reflète principalement la psychologie des intervenants. À court et moyen terme, les grandes entités, souvent appelées "baleines", peuvent facilement manipuler le marché. En revanche, à long terme, cette manipulation est moins faisable et ce sont les fondamentaux qui prévalent.

Nous avons également constaté que les nouvelles diffusées par les médias sont souvent déjà prises en compte par les marchés avant même leur publication, ce qui rend l'analyse fondamentale moins pertinente, surtout dans les phases d'euphorie ou de panique.

Cependant, il est possible de tirer parti de l'analyse fondamentale en examinant comment les nouvelles affectent la réaction du marché pour déterminer une tendance et évaluer sa force, en fonction du profil psychologique des acteurs du marché.

Dans la prochaine section, nous examinerons divers scénarios en fonction des actualités, qu'elles soient négatives ou positives.

Comment interpréter les news du marché ?

Dans cette section, nous aborderons l'interprétation et les réactions appropriées en fonction des nouvelles, positives ou négatives, et selon la tendance actuelle du marché. Nous commencerons par analyser les répercussions d'une nouvelle négative sur le marché.

Comportement du marché après une nouvelle négative

	Tendance haussière	Tendance baissière
Baisse des cours	Réaction normale, avec une possible correction qui, cependant, ne remet pas en question la tendance globale. **Il faut acheter sur un point bas de marché.**	Tendance saine. **Il faut attendre un point d'appui. (reprise du marché baissier pour vendre à découvert)**
Hausse des cours	Tendance très puissante ! **Il faut se positionner en mettant un stop juste en dessous de la précédente consolidation.**	Signal important ! C'est un signe de retournement haussier. **Il faut être prêt à se positionner à l'achat sur un niveau bas intéressant.**
Stabilisation des marchés	La nouvelle a été déjà prise en compte. **Comme ci-dessus, il faut se positionner en mettant un stop juste en dessous de la précédente consolidation.**	L'information est précieuse, bien que moins impactante que celle mentionnée précédemment. **Il faut se préparer à l'achat en cas de présence de signe haussier supplémentaire.**

Dans cette partie, nous étudions la réaction du marché face à une nouvelle positive.

Comportement du marché après une nouvelle positive.

	Tendance haussière	Tendance baissière
Baisse des cours	Signal important ! Possible retournement baissier Il faut être prêt à se positionner à la vente.	Tendance baissière confirmée. Il faut vendre à découvert, mais surveiller en cas de forte baisse. Mettre un stop serré au cas où le cours remonte fortement.
Hausse des cours	La tendance n'est pas en danger. Il faut se positionner à l'achat en faisant attention à l'euphorie et surveiller en cas de forte chute.	Il s'agit probablement d'un simple retracement. Il faut rentrer sur niveau haut du retracement en vente à découvert.
Stabilisation des marchés	Possible signal précurseur de retournement. Il ne faut pas rentrer en achat, mais plutôt repérer un point d'entrée en vente.	Tendance baissière confirmée. Il faut se positionner à la vente à découvert en plaçant un stop serré juste au dessus de la stabilisation.

CHAPITRE 4

L'analyse technique

Dans ce chapitre, nous explorons le domaine technique, essentiel pour comprendre les dynamiques du marché et générer des profits. Nous aborderons les figures chartistes essentielles, les différents indicateurs techniques, les niveaux de support et de résistance, les configurations de bougies japonaises, les moyennes mobiles, les lignes de tendance, ainsi que les retracements de Fibonacci.

À travers des exemples concrets, nous visons à faciliter l'assimilation de ces outils. Une maîtrise adéquate de ces éléments fournira une aide précieuse pour atteindre nos objectifs de trading.

Définir la tendance du marché

Lorsqu'on pratique le trading, il est crucial de connaître la tendance du marché avant de prendre une position. Est-il en tendance haussière, en phase de consolidation (range) ou en tendance baissière ?

Nous avons précédemment examiné un tableau décrivant la tendance du marché en réaction à une nouvelle, qu'elle soit positive ou négative. Cette information est fondamentale et pourrait être considérée comme le premier commandement du trading.

Il faut toujours trader dans le sens de la tendance.

Pour illustrer, dans une tendance haussière, le cours augmente, effectue un retracement significatif, remonte, et le cycle se répète. La stratégie consiste donc à acheter au point le plus bas du retracement pour ensuite vendre au sommet.

Statistiquement, trader à contre-tendance, c'est-à-dire vendre à découvert au sommet pour racheter en fin de retracement, s'avère rarement profitable et est considéré comme très difficile à exécuter. Ce type de trading est généralement déconseillé et devrait être réservé aux traders expérimentés.

Points clés à retenir :

- **Trade en tendance** = Facilité de trade, permet de rentrer un peu tard, gain plus élevé

- **Trade contre-tendance** = Difficulté de trade, demande une entrée précise, peu de gain, risque élevé

Dans l'exemple du graphique 3 (situé à droite), nous voyons l'importance de trader en accord avec la tendance du marché. Pour déterminer la tendance, on peut se baser sur l'analyse du graphique du marché seul ou utiliser des indicateurs externes, dont nous discuterons plus en détail dans les prochains paragraphes. Cependant, nous nous concentrerons d'abord sur la reconnaissance de la tendance à l'aide d'un simple graphique de marché. Le principe est clair : dans une tendance haussière, les points bas sont de plus en plus élevés et les points hauts augmentent également.

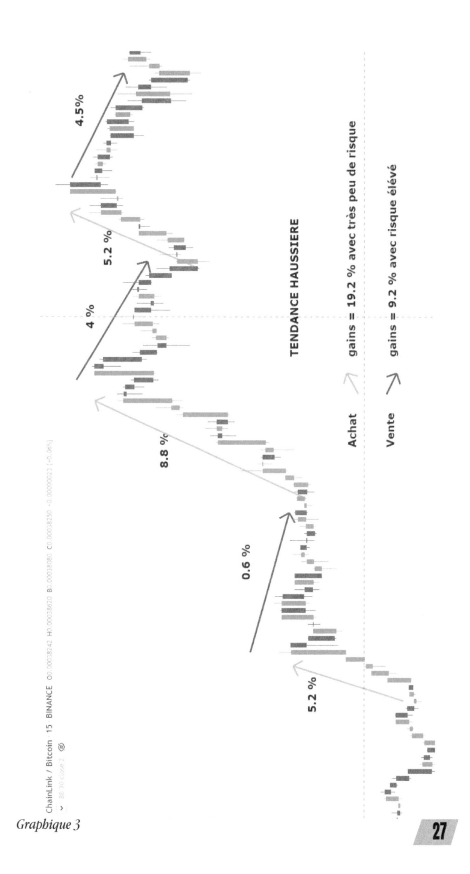

Graphique 3

ChainLink / Bitcoin · 15 · BINANCE O:0.00038242 H:0.00038620 B:L.00038080 C:0.00038250 −0.00000023 (−0.06%)

4.5%

5.2 %

4 %

8.8 %

0.6 %

5.2 %

TENDANCE HAUSSIERE

Achat ⇗ gains = **19.2 %** avec très peu de risque

Vente ⇗ gains = **9.2 %** avec risque élévé

27

Dans une tendance baissière, les points bas deviennent de plus en plus bas et les points hauts de plus en plus bas, comme le montre le graphique 4 à droite.

Ce graphique illustre clairement une tendance baissière saine. Cependant, nous observons que le cours se situe au niveau du point haut précédent, ce qui peut indiquer que la tendance est en passe de changer. Néanmoins, pour confirmer un changement de tendance, le prochain point bas doit être plus haut que le dernier, et cette observation doit être corroborée par d'autres indicateurs.

Petit rappel important :

Il faut toujours trader dans le sens de la tendance.

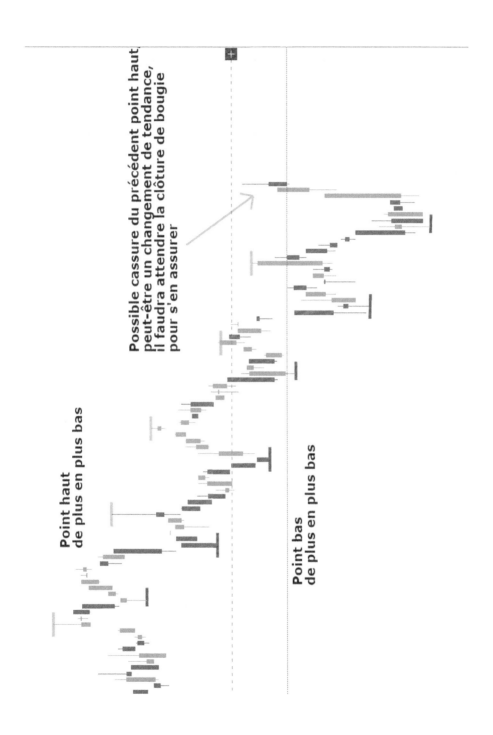

Point haut
de plus en plus bas

Point bas
de plus en plus bas

Possible cassure du précédent point haut,
peut-être un changement de tendance,
il faudra attendre la clôture de bougie
pour s'en assurer

Les figures chartistes à connaître absolument

Précédemment, nous avons identifié une tendance en utilisant uniquement le graphique. Nous allons procéder de la même manière pour détecter de potentiels mouvements haussiers ou baissiers du marché. Pour ce faire, nous nous appuierons sur les principales figures chartistes, qui sont essentielles à maîtriser et représentent d'excellents outils d'analyse. Cependant, il est important de confirmer ces figures avec d'autres signaux, car les faux signaux sont fréquents avec ces configurations.

Ceci représente une figure de retournement qui apparaît dans une tendance initialement baissière.

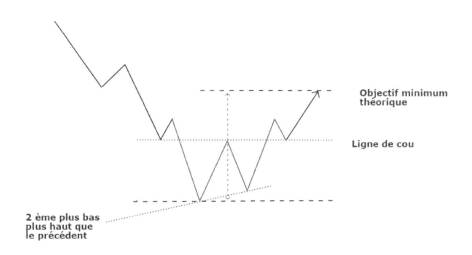

Graphique 5

Le marché forme un "W", avec le deuxième point bas plus haut que le premier.

En traçant une ligne oblique reliant ces deux points bas, nous observons une configuration clé. Ensuite, nous mesurons la distance entre le point le plus bas et la ligne de cou, et nous projetons cette distance au-dessus de la ligne de cou.

Cela définit l'objectif de gain minimum pour un trade haussier. Nous constatons que le cours franchit la ligne de cou, effectue ensuite un retracement (throwback) sur cette même ligne, avant de finalement progresser vers l'objectif théorique.

Cette figure est identique à celle du Double Bottom, mais inversée. Elle indique un retournement de tendance au sein d'un marché haussier

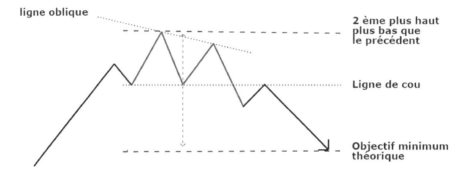

ligne oblique

2 ème plus haut
plus bas que
le précédent

Ligne de cou

Objectif minimum
théorique

Graphique 6

Le marché forme un "M", avec son deuxième point haut plus bas que le premier.

En traçant une ligne oblique reliant ces deux points hauts, nous observons une configuration clé. Ensuite, nous mesurons la distance entre le point le plus haut et la ligne de cou, et nous projetons cette distance en dessous de la ligne de cou.

Cela définit l'objectif de gain minimum pour un trade à la baisse. Nous constatons que le cours franchit la ligne de cou, effectue ensuite un retracement (pullback) sur cette ligne, avant de finalement descendre vers l'objectif théorique.

Il s'agit d'une figure très puissante composée de trois sommets, avec celui du milieu étant plus élevé que les deux autres. Inversement, elle peut être formée de trois creux, avec celui du milieu plus bas que les deux autres. Cette configuration révèle un possible retournement baissier lorsqu'elle présente trois sommets et indique un possible retournement haussier lorsqu'elle est composée de trois creux.

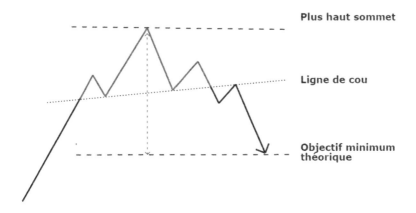

Graphique 7

Dans le graphique 8 de la page suivante, la figure de tête-épaules inversée indique clairement un retournement haussier.

Pour que cette figure soit validée, la ligne de cou ne doit pas être horizontale. Elle doit obligatoirement être oblique.

Cet exemple montre une magnifique figure de tête-épaules inversée, caractérisée par un franchissement de la ligne de cou, suivi d'un léger throwback, puis par une hausse significative.

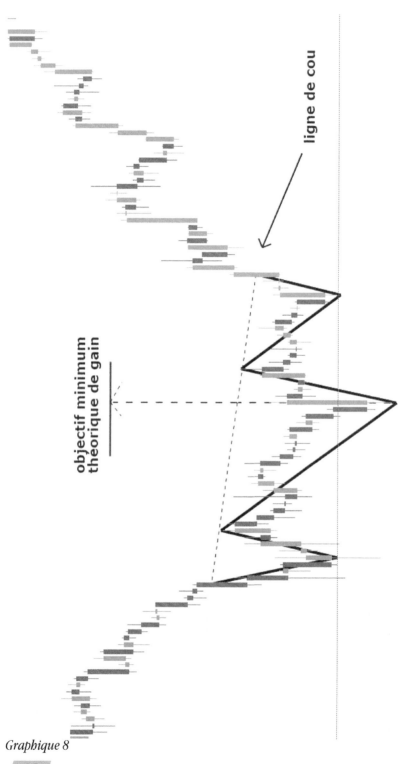

ligne de cou

objectif minimum
théorique de gain

Le drapeau est une figure de continuation de tendance. Il représente une pause temporaire ou une "respiration" du marché avant la prolongation de la tendance principale.

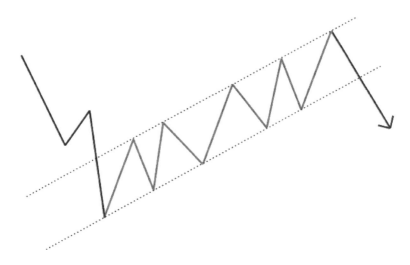

Graphique 9

Dans l'exemple du graphique 9, nous observons que le marché est en tendance baissière, caractérisée par des sommets de plus en plus bas et des creux de plus en plus bas.

Nous notons que le premier creux rouge est plus haut que le précédent. Toutefois, avant de confirmer un changement de tendance avec un sommet plus haut que le dernier sommet noir, nous constatons que le cours forme un canal haussier parallèle, qui correspond à un drapeau.

Il y a une forte probabilité que le cours casse la ligne basse du drapeau et continue sa tendance baissière.

La figure en triangle est généralement plus indécise que celle du drapeau. Elle présente des probabilités équivalentes de voir le marché casser à la hausse comme à la baisse.

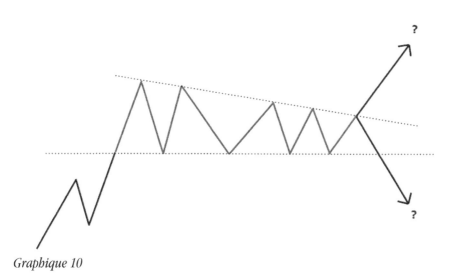

Graphique 10

Dans l'exemple du graphique 10, cette figure illustre clairement une indécision du marché. Il est conseillé de l'utiliser uniquement après que le marché ait franchi la ligne haute ou basse pour prendre position. De plus, cette action devrait impérativement être confirmée par d'autres signaux plus pertinents.

Les moyennes mobiles

Les moyennes mobiles calculent la moyenne des prix sur une période de temps prédéfinie. Il existe plusieurs types de moyennes mobiles, mais nous nous concentrerons uniquement sur les deux plus courantes : les moyennes mobiles simples (SMA) et les moyennes mobiles exponentielles (EMA).

La moyenne mobile simple (SMA) est la plus utilisée et est considérée comme la plus fiable, bien qu'elle tende à fournir des signaux avec un certain retard. En revanche, la moyenne mobile exponentielle (EMA) est plus réactive et moins sujette au retard que la SMA, mais elle est aussi plus susceptible de générer de faux signaux.

Dans cet ouvrage, nous utiliserons principalement les SMA, qui, selon moi, restent très pertinentes pour l'usage que nous en ferons. Si le marché est au-dessus de la SMA, cela indique une tendance haussière. À l'inverse, si le marché est en dessous de la SMA, la tendance est baissière.

Les SMA sont également utiles, tout comme l'analyse graphique, pour définir la tendance du marché. Il existe plusieurs SMA pertinentes : la SMA 20, la SMA 50, la SMA 100, et la SMA 200. Le chiffre indique le nombre de jours sur lesquels la moyenne a été calculée.

Dans l'exemple du graphique 11 (à droite), la SMA 100 indique clairement une tendance haussière du titre.

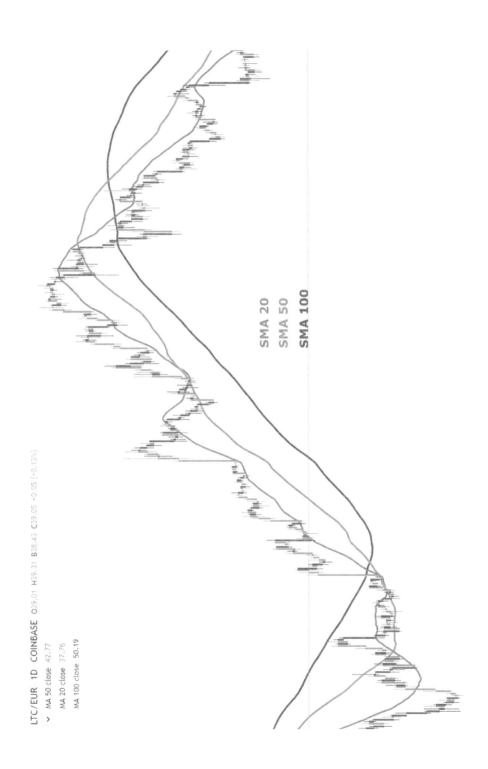

LTC/EUR · 1D · COINBASE O39.01 H39.31 B38.43 C39.05 +0.05 (+0.13%)

MA 50 close 42.77
MA 20 close 37.76
MA 100 close 50.19

SMA 20
SMA 50
SMA 100

Graphique 11

Les SMA peuvent également être utilisées de différentes manières. En effet, certains titres montrent une tendance à rebondir sur certaines moyennes mobiles.

Prenons l'exemple du Bitcoin sur un graphique hebdomadaire (W), comme illustré dans le graphique 12 (à droite). Notez comment le cours a rebondi à plusieurs reprises sur la SMA 200, qui a agi comme un support de long terme pour ce titre. Cela montre que les SMA peuvent souvent servir de supports et de résistances robustes sur les marchés.

Les croisements de moyennes mobiles offrent également des indications précieuses. Par exemple, un croisement à la hausse de la SMA 20 au-dessus de la SMA 50 signale un mouvement haussier potentiel, tandis qu'un croisement à la baisse indique le contraire.

Théoriquement, une stratégie simple de trading pourrait consister à acheter lors d'un croisement haussier et à vendre lors d'un croisement baissier. Cependant, dans la pratique, il est nécessaire de compléter cette approche avec d'autres signaux, car le trading n'est pas une science exacte mais plutôt une méthode pour incliner les probabilités en sa faveur.

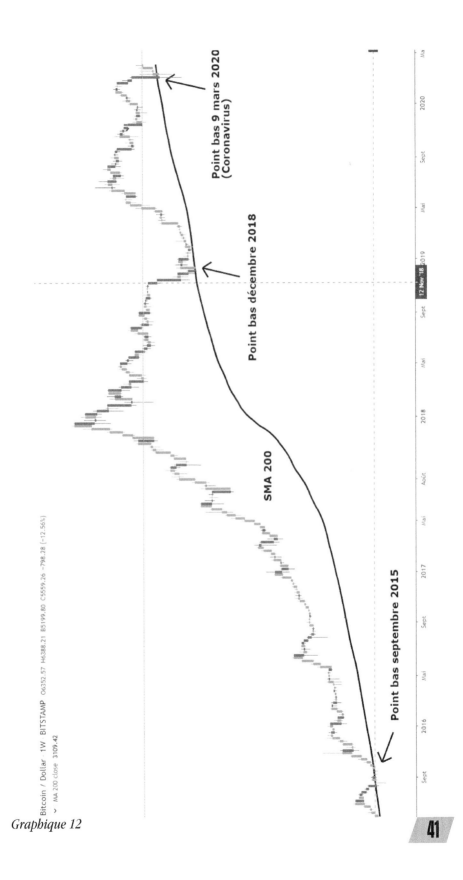

Bitcoin / Dollar 1W BITSTAMP O6352.57 H6388.21 B5199.80 C5559.26 −798.28 (−12.56%)
∨ MA 200 close 3109.42

Point bas 9 mars 2020
(Coronavirus)

Point bas décembre 2018

SMA 200

Point bas septembre 2015

12 Nov '18

Graphique 12

Les indicateurs techniques

Nous allons présenter les différents indicateurs que nous utiliserons pour notre plan de trading. Certains sont utiles pour déterminer la tendance, alors que d'autres le seront pour signaler les zones d'achats et de ventes.

Le RSI

Le RSI (Relative Strength Index) est un indicateur borné qui est utile pour détecter des retournements de marché en présence de tendances, et pour identifier les phases de sur-achat ou de sur-vente quand il n'y a pas de tendance évidente. Il se compose d'une courbe avec plusieurs zones clés : une zone neutre autour de 50, une zone de sur-achat au-dessus de 80, et une zone de sur-vente en dessous de 20.

Sans tendance

Graphique 13

Dans un marché sans tendance définie, il est recommandé de privilégier la vente lorsque la courbe du RSI atteint 80, indiquant une zone de sur-achat, et d'acheter lorsque la courbe atteint 20, signalant une zone de sur-vente.

En tendance

Pour un marché en tendance, le RSI est utile pour identifier les points bas dans une tendance haussière et les points hauts dans une tendance baissière, en utilisant la zone neutre comme référence. Il est important de noter que dans une tendance bien établie, les niveaux de sur-achat et de sur-vente peuvent être trompeurs. En effet, la courbe du RSI peut rester longtemps en zone de sur-achat lors d'une phase haussière.

- Dans une tendance haussière, la courbe du RSI se maintiendra généralement au-dessus de la zone neutre et aura tendance à rebondir dans la zone 40-50.

- Dans une tendance baissière, la courbe se trouvera en dessous de la zone neutre et aura tendance à rebondir dans la zone 50-60.

Graphique 14

Nous pouvons observer sur le graphique du Chainlink contre le Dollar (LINK/USD) que la courbe du RSI rebondit fréquemment sur la zone de neutralité autour de 40, indiquant des points bas pertinents pour ceux qui envisagent d'entrer sur le marché. Cependant, il est important de noter la cassure récente de cette zone 40 sur le graphique, ce qui pourrait signaler la fin de la tendance haussière.

Le MACD

Le MACD est un indicateur de suivi de tendance utilisé pour détecter des signaux d'achat et de vente. Il se compose de deux lignes mobiles exponentielles (EMA) : une EMA rapide de 12 périodes et une EMA lente de 26 périodes, ainsi qu'une ligne de signal, qui est typiquement une EMA de 9 périodes calculée à partir de la différence entre les deux EMA précédentes. Le MACD inclut également un histogramme, qui représente visuellement la divergence entre les EMA et la ligne de signal.

Quand l'EMA de 12 périodes croise au-dessus de l'EMA de 26 périodes (et donc l'histogramme croise au-dessus de la ligne zéro), cela indique une tendance haussière.

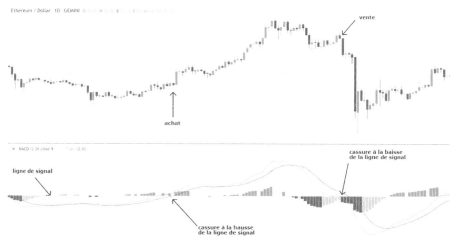

Graphique 15

Comme pour le RSI, la ligne de signal du MACD sert souvent de support ou de résistance. Dans l'exemple illustré par le graphique 15 ci-dessus, concernant le titre Ethereum, nous observons que le franchissement de la ligne de signal du MACD était un point d'entrée optimal pour un achat, et que la cassure à la baisse de cette ligne était un excellent signal de vente. En effet, juste après cette cassure, le titre a subi une chute marquée.

Le signal fourni par le MACD s'est avéré être pertinent dans ce cas.

Le Stochastique est un indicateur borné, similaire au RSI. Il s'avère très utile pour détecter des points d'entrée à l'achat dans une tendance haussière et des points de vente dans une tendance baissière.

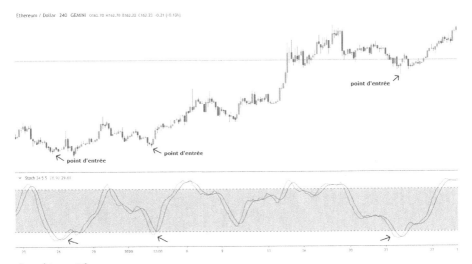

Graphique 16

Dans l'exemple du graphique 16 (ci-dessus), nous identifions de bons points d'entrée dans cette tendance haussière en observant les points bas du Stochastique. Les signaux de vente devraient, cependant, être confirmés par d'autres indicateurs.

Dans un marché qui évolue en range, le Stochastique pourrait également être utilisé en combinaison avec des niveaux de résistance pour identifier des points de vente pertinents.

Les Bandes de Bollinger

Les Bandes de Bollinger se composent d'une moyenne mobile simple (SMA) de 20 périodes, d'une bande supérieure et d'une bande inférieure. Ces bandes représentent des intervalles qui, statistiquement, confinent le cours dans 70 % des cas. Si le cours franchit la bande supérieure, cela indique une tendance haussière. S'il sort par la bande inférieure, la tendance est considérée comme baissière.Dans un marché en range, les Bandes de Bollinger sont particulièrement efficaces : il est conseillé d'acheter près de la bande inférieure, qui agit comme un support, et de vendre près de la bande supérieure, qui sert de résistance.

Graphique 17

Nous observons sur le graphique 17 (ci-dessus) l'efficacité des Bandes de Bollinger lors d'une période de range. Par la suite, le cours a franchi la bande supérieure, confirmant ainsi son passage à une tendance haussière. Une opportunité d'entrée aurait été de prendre position après le premier retracement de cette hausse.

Le parabolic SAR

Nous abordons maintenant le Parabolic SAR, un indicateur de tendance qui se présente sous la forme d'une série de points qui apparaissent soit au-dessus, soit en dessous des prix, en fonction de la tendance du marché. Cet indicateur n'est pas idéal dans les marchés en range, car il peut produire des signaux erronés.En revanche, le Parabolic SAR est extrêmement utile dans un marché clairement orienté pour déterminer le moment optimal de clôturer une position d'achat ou de vente. Il peut également servir à placer un stop loss efficacement, positionné juste en dessous des points pour une tendance haussière ou au-dessus pour une tendance baissière. Si le cours est haussier, la série de points se situera en dessous du graphique des prix. À l'inverse, dans une tendance baissière, les points apparaîtront au-dessus du cours.

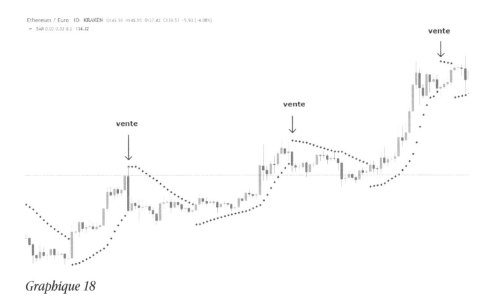

Graphique 18

Dans l'exemple présenté dans le graphique 18 (ci-dessus), il est évident qu'utiliser le Parabolic SAR facilite grandement la détermination du moment idéal pour clôturer une position, étant donné la complexité de choisir le moment parfait pour vendre. Nous aborderons plus en détail, dans le chapitre 6 intitulé 'Techniques de trading', une méthode pour établir des positions d'achat, notamment en combinant le Parabolic SAR avec d'autres indicateurs pour renforcer la décision.

Les bougies japonaises, représentées par des barres vertes et rouges sur les graphiques, sont cruciales pour l'analyse technique du marché. Chaque bougie fournit plusieurs informations essentielles : le prix d'ouverture, le prix de fermeture, ainsi que les prix hauts et bas atteints durant la période spécifiée. La couleur de la bougie indique également la direction du marché durant cette période : une bougie verte signale une hausse des prix, tandis qu'une bougie rouge indique une baisse.

10 bougies en unité 1H représentant un intervalle de 10 Heures

Graphique 19

Dans l'exemple du graphique 19 (ci-dessus), l'unité de temps sélectionnée est d'une heure, signifiant que chaque bougie représente un intervalle de 1 heure.

Le graphique 20 (ci-dessous) illustre l'utilité d'une bougie japonaise. Elle nous fournit plusieurs informations cruciales sur une période donnée : le prix d'ouverture, le prix le plus bas, le prix le plus haut, ainsi que la tendance de prix (hausse ou baisse) et le prix de clôture.

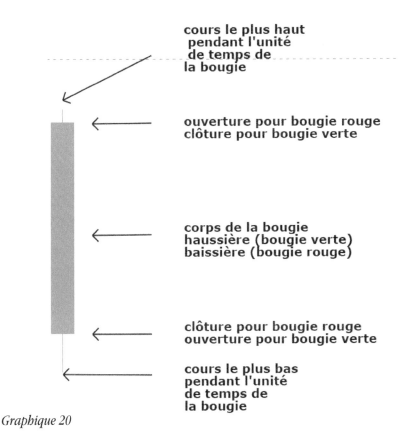

Graphique 20

Les bougies japonaises révèlent la psychologie des intervenants sur le marché et, grâce à leurs formes spécifiques, peuvent fournir des signaux puissants de retournement lorsqu'elles sont corroborées par d'autres indicateurs. Cependant, elles ne permettent pas de déterminer un objectif de prix spécifique.

Dans les pages suivantes, nous explorerons les principales figures formées par les bougies japonaises, reconnues pour leur efficacité dans le monde du trading.

Le Doji

Le Doji est une bougie qui signale une forte probabilité de retournement et se manifeste généralement aux sommets et aux creux du cours. Plus le Doji est long, plus il indique une indécision marquée parmi les intervenants. Ce type de bougie laisse souvent présager un retournement, qui doit cependant être confirmé par la bougie suivante pour être considéré comme fiable.

Graphique 21

Le Marteau et le Pendu

Il s'agit de figures caractérisées par un corps de bougie sans mèche supérieure et une longue mèche inférieure, à la manière d'un marteau. Lorsqu'une telle bougie apparaît dans un creux, elle est appelée "marteau" et signale un potentiel retournement haussier. Inversement, lorsqu'elle se trouve sur un sommet, elle est connue sous le nom de "pendu" et indique un potentiel retournement baissier. Plus la mèche inférieure est longue, plus la figure est considérée comme puissante. Pour confirmer le retournement de tendance, il est recommandé d'attendre l'apparition d'une deuxième bougie, rouge et baissière dans cet exemple.

Graphique 22

Le marteau inversé et l'étoile filante

Il s'agit simplement d'un marteau inversé. Dans cette configuration, le corps de la bougie est situé en bas et la mèche en haut. Lorsqu'une telle bougie apparaît dans un creux, on parle de "marteau inversé" et elle signale un potentiel retournement haussier. En revanche, lorsqu'elle est située sur un sommet, elle prend le nom d'"'étoile filante" et indique un potentiel retournement baissier.

Graphique 23

L'étoile du matin

Il s'agit d'une formation de trois bougies caractérisée comme suit : la première bougie a un grand corps, la deuxième bougie, souvent appelée l'étoile, a un petit corps qui ne touche pas les corps des bougies adjacentes, et la troisième bougie présente un grand corps de couleur opposée à celle de la première. Cette figure se forme généralement après un mouvement puissant dans une tendance. L'étoile du matin apparaît après une baisse et signale un potentiel retournement haussier.

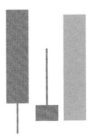

Graphique 24

L'étoile du soir

Comme pour l'étoile du matin, l'étoile du soir est une formation composée de trois bougies : la première avec un corps important, la deuxième avec un petit corps, souvent décalé par rapport aux autres, et la troisième avec un grand corps de couleur opposée à la première. Cette figure se forme généralement après un mouvement ascendant significatif dans une tendance et apparaît au sommet du cours, signalant un retournement baissier. La présence d'un gap entre la première et la deuxième bougie, ou entre la deuxième et la troisième, renforce le signal de retournement.

Graphique 25

L'avalement

L'avalement haussier, illustré dans l'exemple du graphique 26, est une configuration de deux bougies. La première bougie est baissière et la seconde, haussière. La deuxième bougie ouvre généralement en dessous du niveau de clôture de la première et clôture au-dessus de son niveau d'ouverture, englobant ainsi complètement la baisse de la bougie précédente et clôturant au-dessus de celle-ci. L'avalement baissier est simplement l'inverse de cette configuration : la première bougie est haussière et la deuxième, baissière, avale complètement la hausse de la première bougie et clôture à la baisse.

Graphique 26

Nuage noir et pénétrante

Le nuage noir est similaire à l'avalement baissier, mais avec une distinction clé : la deuxième bougie n'avale pas entièrement la première, elle couvre seulement une partie significative de celle-ci. Cette figure indique un potentiel retournement baissier.

La pénétrante, quant à elle, ressemble à l'avalement haussier, mais diffère en ce que la deuxième bougie n'englobe pas totalement la première. Elle indique donc un retournement haussier.

Graphique 27

Les supports et résistances

Les supports et résistances sont des zones de prix où le marché tend à montrer des réactions significatives, comme un rebond, un changement de tendance, ou une confirmation de tendance existante. Ces niveaux correspondent souvent à des prix à chiffres ronds, qui agissent comme des points psychologiques clés pour les traders.

• En période de range, ou lorsque le marché évolue horizontalement sans tendance claire, les niveaux de support et de résistance deviennent particulièrement puissants et fiables pour identifier les points d'entrée et de sortie potentiels..

• En période de forte tendance haussière, les niveaux de support sont souvent utilisés comme points d'achat, tandis que les résistances, étant moins influentes, servent généralement à prendre des profits partiels. En effet, lors d'une tendance haussière robuste, le cours peut traverser ces résistances avec facilité, parfois même sans subir de retracement notable. Toutefois, la combinaison de signaux de retournement avec une résistance peut indiquer un potentiel renversement et la possibilité d'une baisse des prix.

• En période de tendance baissière, la dynamique est inversée. Les niveaux de résistance sont utilisés pour initier des ventes à découvert, tandis que les niveaux de support sont principalement considérés pour racheter partiellement la position. Ce rachat ne devrait être effectué qu'en présence de signaux de retournement multiples accompagnés d'une confirmation claire.

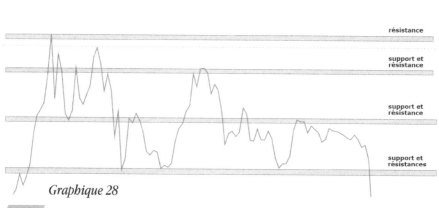

Bitcoin / USD Coin 1D BINANCE

résistance

support et résistance

support et résistance

support et résistances

Graphique 28

Dans une tendance haussière, si le cours traverse franchement la résistance, cette résistance devient un support. On appliquera le même procédé avec une tendance baissière. Si le cours chute et traverse le support, il devient une résistance pour le cours.Il est indispensable avant tout trade, de tracer les supports et résistances sur le cours. Pour cela, nous retirons le réglage bougie du chart au profit du mode «ligne» comme sur le graphique 28 (à droite). Cela permet un repérage plus facile de points concordants.

Ensuite, nous pouvons repasser en réglages bougies comme sur le graphique 28 (à gauche).

Ensuite, nous pouvons repasser en réglages bougies comme sur le graphique 29 (ci-dessous) et observer la pertinence de nos tracés. À savoir qu'en cas de franchissement net du support/résistance, le cours aura une forte probabilité d'aller chercher le prochain support ou résistance. Sur le graphique 29, le cours passe souvent du support à la résistance.

On pourra également surveiller les chiffres ronds, un support est plus pertinent sur le prix de 6 000 que sur 5 970 par exemple. Les chiffres ronds sont très utilisés et nous avons tout intérêt à placer nos rectangles en fonction.

Attention, certains intervenants n'hésiteront pas à prendre des positions afin de faire traverser les cours en dessous du support ou au-dessus d'une résistance, afin de chasser les stops loss placés trop près.

Graphique 29

Les retracements de Fibonacci

Quand un cours est en tendance, il ne monte ou ne descend pas de façon continue, il effectue des retracements. Le retracement de Fibonacci est un outil utilisé pour calculer les différentes zones de prix où le titre est susceptible de retracer, aidant ainsi à tracer des supports et résistances cohérents. Cet outil peut être utilisé pour calculer les retracements d'une hausse ou d'une baisse, et il aide également à identifier plusieurs zones pour prendre des profits.

Le retracement de Fibonacci fonctionne en partie parce qu'il repose sur une prophétie auto-réalisatrice : si de nombreux traders l'utilisent et le placent sur les mêmes niveaux, le cours a tendance à réagir à ces zones en raison de l'action collective de vente ou d'achat, ce qui renforce son efficacité.

Pour illustrer comment positionner le retracement de Fibonacci, prenons l'exemple de CHZ/BTC en tendance haussière, comme le montre le graphique 30. Nous sélectionnons le point le plus bas et le point le plus haut des corps des bougies, sans tenir compte des mèches, après la fin de la hausse pour définir le point haut. Il existe deux méthodes pour tracer un retracement de Fibonacci : du corps le plus bas au corps le plus haut, comme dans cet exemple, ou de la mèche la plus basse à la mèche la plus haute. Il est recommandé de choisir la méthode la plus pertinente. Il est également possible de tracer les deux en superposition et de placer des zones de support et de résistance aux niveaux où les deux retracements convergent, à condition que cela soit logique. Cependant, comme le montre le graphique 31, l'utilisation d'un second Fibonacci peut rendre les supports trop épais et, comme l'indique le graphique 32, cela peut s'avérer non pertinent.

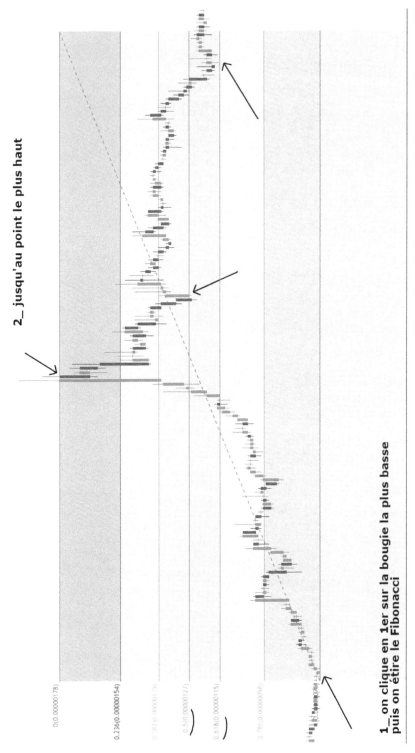

Graphique 30

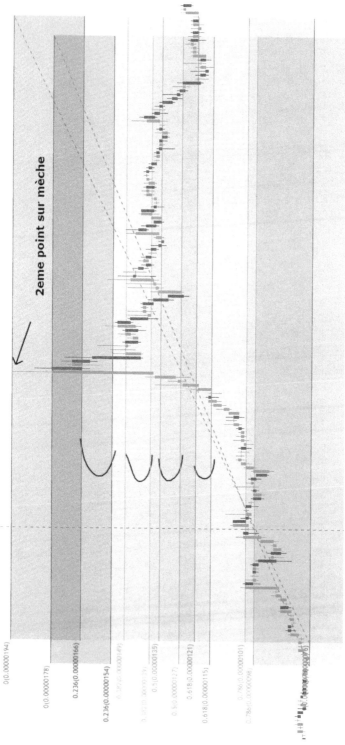

Graphique 31

58

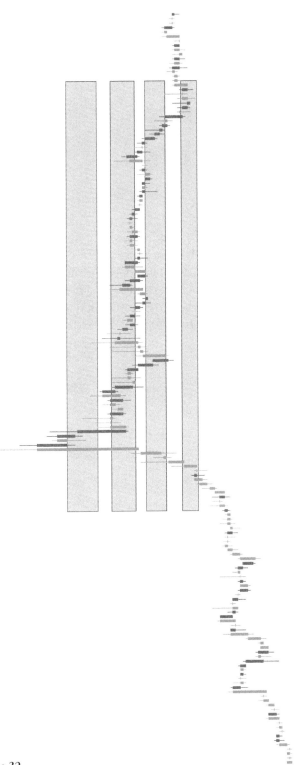

Graphique 32

Les retracements les plus courants sont :

- 0.236

- 0.382

- 0.5

- 0.618

- 0.764

Nous choisissons donc de tracer le retracement de Fibonacci le plus pertinent, afin de maximiser l'efficacité de la prophétie auto-réalisatrice. Pour calculer le potentiel rebond après un retracement, le premier point du Fibonacci est placé au plus bas atteint après le retracement. Il est crucial de s'assurer que le cours a bien terminé son retracement avant de déterminer ce point bas. Cela nous permet ensuite d'identifier les niveaux d'extensions possibles pour la poursuite de la hausse.

Les extensions plausibles sont :

- 0.0382

- 0.618

- 1

- 1.272

- 1.618

- 2

- 2.618

Comme expliqué dans le chapitre sur la gestion du risque, le stop loss devrait être positionné juste en dessous du niveau d'extension inférieur à celui visé. Toutefois, il est important de ne pas placer le stop loss trop près de ce niveau d'extension. En effet, les mouvements de marché intentionnels visant à activer les stops loss peuvent provoquer une chute temporaire du cours, entraînant l'activation prématurée de ces stops.

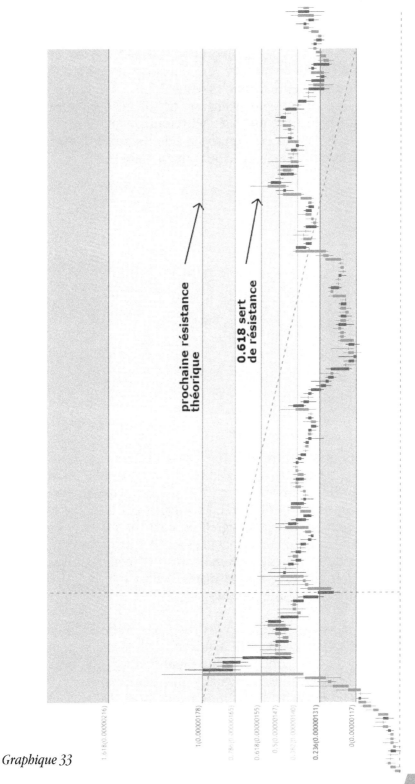

Graphique 33

Les lignes et canaux de tendance

Les lignes de tendance sont des outils cruciaux en analyse technique. Pour un marché haussier, elles connectent les points bas successifs, tandis que pour un marché baissier, elles relient les points hauts. En traçant ces lignes, on peut non seulement évaluer l'inclinaison de la tendance pour juger de sa force, mais aussi anticiper un potentiel retournement de tendance en cas de rupture de la ligne. Cette approche aide les traders à visualiser la direction et la dynamique du marché de manière claire.

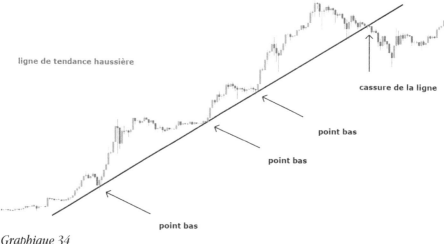

Graphique 34

Nous constatons que le titre suit une ligne de tendance assez nette. Lorsque le cours casse cette ligne à la baisse, il en résulte souvent une chute notable du titre. Une tendance est considérée comme saine si son inclinaison est d'environ 45 degrés. En revanche, une ligne de tendance trop abrupte peut ne pas être aussi significative si le titre la casse. Les lignes de tendance peuvent aussi être appliquées sur des indicateurs comme le RSI et le Stochastique, où elles s'avèrent très pertinentes et utiles pour détecter des points d'entrée sur le marché, ainsi que des signaux de retournement lorsqu'elles sont rompues.

Comme illustré dans le graphique 35 (à droite), la courbe du RSI rebondit à plusieurs reprises sur sa ligne de tendance, indiquant de bons points d'entrée pour des achats. Une fois cette ligne rompue, elle devient une résistance significative, pouvant signaler une opportunité de vente à découvert si confirmée par d'autres indicateurs. Nous avons choisi le RSI pour cet exemple, car les lignes de tendance y sont particulièrement efficaces. Cependant, il est toujours préférable de considérer la zone neutre de 50 sur le RSI comme une ligne de rebond plus fiable pour le titre, car elle demeure la ligne de rebond la plus puissante.

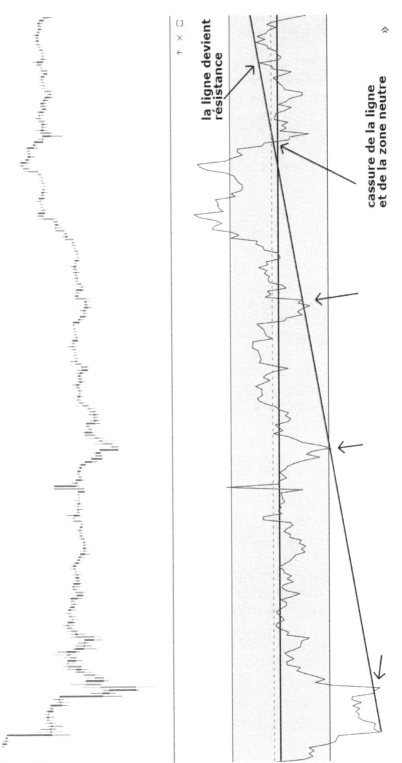

Graphique 35

Les divergences standards et cachées

Nous allons maintenant explorer la corrélation entre le marché et les indicateurs de tendance tels que le RSI et le MACD. Typiquement, lorsque le marché est en hausse, le RSI et le MACD ont également tendance à monter, et vice versa lors d'une baisse. Cependant, il arrive que des divergences se produisent, c'est-à-dire que le cours continue de monter alors que l'un des indicateurs commence à descendre. Ces divergences, assez fréquentes, indiquent souvent un essoufflement de la tendance actuelle.

Dans l'exemple du graphique 36 (à droite), nous observons initialement que le RSI suit les fluctuations du cours. Cependant, alors que le titre continue de grimper, le RSI commence à redescendre, signalant un potentiel affaiblissement de la hausse. Toutefois, tant que le RSI ne traverse pas la zone neutre, il est possible que le titre continue sa progression haussière. Par la suite, lorsque le RSI franchit à la baisse la zone neutre de 50, la divergence est confirmée, indiquant une forte probabilité de retournement du titre.

Il est crucial de corroborer toute divergence avec d'autres signaux pour confirmer un éventuel retournement de tendance. Pour détecter une divergence, commencez par examiner la tendance générale du marché :

• Dans une tendance haussière, pour détecter une divergence baissière, il est essentiel de se concentrer uniquement sur les points hauts. En observant ces sommets, on cherche des cas où le prix atteint de nouveaux maximums tandis que les indicateurs tels que le RSI ou le MACD ne parviennent pas à suivre, marquant des maximums inférieurs. Cela peut signaler un affaiblissement de la tendance haussière et potentiellement préfigurer un retournement à la baisse.

• Dans une tendance baissière, pour détecter une divergence haussière, il est crucial de se concentrer exclusivement sur les points bas. En examinant ces creux, on cherche des situations où le prix enregistre de nouveaux minimums tandis que les indicateurs comme le RSI ou le MACD affichent des minimums plus élevés. Ce phénomène peut indiquer une diminution de la force baissière et suggérer un possible retournement à la hausse.

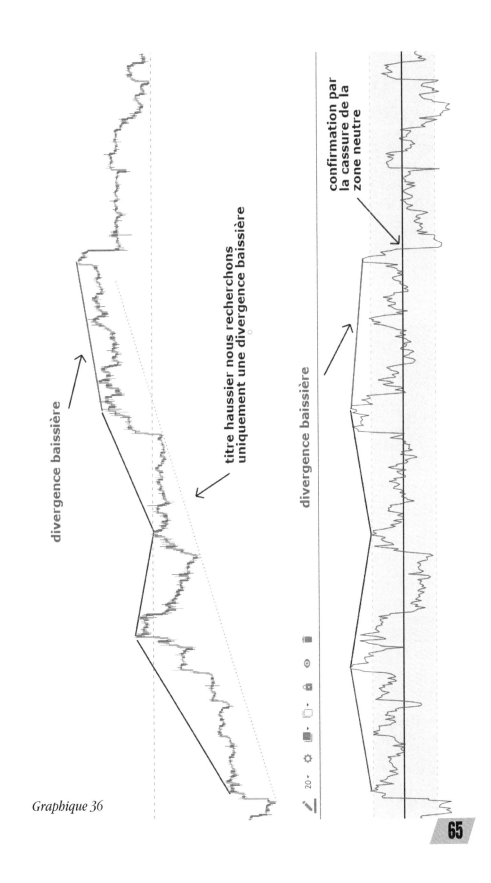

divergence baissière

titre haussier nous recherchons uniquement une divergence baissière

confirmation par la cassure de la zone neutre

divergence baissière

Graphique 36

Divergence haussière cachée

Marché

RSI

Graphique 37

Divergence haussière standard

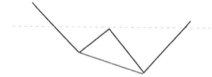

Marché

Graphique 38 **RSI**

Divergence baissière cachée

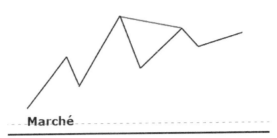

Marché

RSI

Graphique 39

Divergence baissière standard

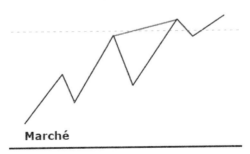

Marché

RSI

Graphique 40

CHAPITRE 5

Le Money Management (gestion du risque)

Le Money Management est une stratégie essentielle de gestion du risque qui implique le calcul de la taille des positions et la mise en place de mesures de sécurité, telles que les stop loss, pour protéger le capital à long terme. Dans le domaine du trading, le Money Management est crucial. En effet, il a été démontré qu'un trader médiocre avec une bonne gestion du risque peut obtenir de meilleurs résultats à long terme qu'un bon trader qui néglige la gestion des risques.

Pourquoi faut-il appliquer un Money Management ?

Le Money Management est essentiel pour maximiser les gains et minimiser les pertes sur le long terme. Cette notion cruciale ne doit jamais être négligée. Le trading et l'analyse technique reposent sur des probabilités, et aucune méthode n'assure une réussite à 100 %. Nous rencontrerons inévitablement des trades gagnants et perdants. L'objectif est de gagner le plus souvent possible en ouvrant des positions uniquement lorsque les probabilités sont élevées et que le ratio perte/gain est favorable.

Il est important de noter qu'une perte de pourcentage égale a un impact plus significatif qu'un gain du même pourcentage. Par exemple, considérons une position initiale de 1000 euros. Si nous subissons une perte de 50 % sur un trade, il nous reste 500 euros. Pour revenir à notre capital initial de 1000 euros, un gain de 50 % sur le capital restant nous ramènerait seulement à 750 euros. Pour récupérer entièrement notre perte, il nous faudrait réaliser un gain de 100 % sur le capital restant. Cet exemple illustre clairement pourquoi il est crucial de limiter les pertes.

Dans les pages suivantes, nous présentons un tableau détaillant la correspondance entre les pourcentages de pertes et de gains nécessaires pour revenir à un capital initial de 1000 euros, afin de souligner davantage l'importance de cette gestion des risques.

% De perte suite à un trade perdant	% De gain à réaliser pour récupérer son capital	Différence en % de gain supplémentaire à avoir
1.00 %	1.01 %	0.01 %
10.00 %	11.11 %	1.11 %
20.00 %	25.00 %	5.00 %
30.00 %	42.85 %	12.85 %
40.00 %	66.66 %	26.66 %
50.00 %	100.00 %	50.00 %

Tableau 2

Nous comprenons maintenant l'importance de gérer rigoureusement le risque et de mettre en place un système visant à limiter les pertes en cas de trades défavorables. En effet, il est crucial de noter que, suite à une grosse perte, il devient extrêmement difficile de récupérer le capital initial. Un système de gestion du risque efficace aide à éviter de telles situations, en préservant le capital et en augmentant les chances de succès à long terme.

Bien positionner son stop loss

Nous avons déjà discuté de l'importance de limiter les pertes sur chaque trade. Un outil essentiel pour cela est le stop loss. Ce mécanisme permet de définir un prix minimum—le seuil de perte acceptable—pour un titre une fois le trade initié. Si ce seuil est atteint, le stop loss s'active automatiquement, limitant ainsi la perte à ce qui était prévu.

Prenons l'exemple du graphique 41 (ci-dessous) : le RSI a franchi la zone neutre de 50, et le titre a ensuite dépassé les bandes de Bollinger supérieures. C'est à ce moment que nous entrons en position. Le stop loss doit être positionné en dessous des bandes de Bollinger inférieures. Cependant, il est crucial de ne pas placer le stop loss trop près de cette bande pour éviter une sortie prématurée due à une volatilité normale. Après un premier petit retracement vers le haut, le stop loss peut être ajusté juste en dessous de ce point de retracement, afin de protéger les gains tout en laissant de l'espace au titre pour fluctuer.

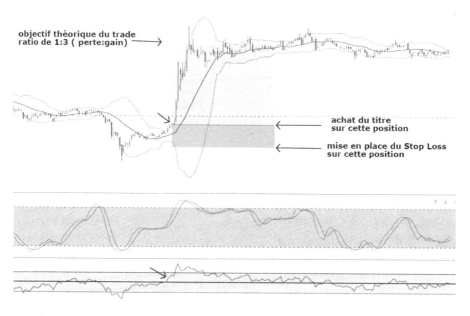

Graphique 41

Calcul de la taille de position du capital

Le calcul de la taille de position est crucial et se fait en fonction du stop loss prévu pour le titre. Comme nous l'avons vu précédemment, il est important de configurer un stop loss pour une faible perte potentielle. Supposons que chaque ouverture ou clôture de trade coûte environ 0.2 %, soit un total de 1 % par trade, bien que cela puisse varier selon les plateformes d'échange.

La taille de la position à engager dépendra de l'emplacement du stop loss. Pour investir 100 % du capital, le stop loss ne doit pas dépasser 1 %. Si un trade nécessite un stop loss supérieur à 1 %, nous appliquerons la formule suivante pour calculer la taille de position appropriée :

Capital/ ? % = Taille de position

Par exemple, avec un capital de 1000 euros et un stop loss placé sous la bande inférieure de Bollinger à 2.75 %, le calcul serait :

$$1000 / 2.75 = 363.63$$

Nous utiliserons donc 363.63 euros pour ce trade, ce qui équivaut à un risque de 1 % de 1000 euros.

En ce qui concerne le ratio de risque/récompense (Risk/Reward), il est essentiel d'avoir au minimum un ratio de 1:2, et nous recommandons même de viser un ratio de 1:3. Cela signifie que pour 1 % de risque de perte, nous visons un objectif de 3 % de gain.

Pour la prise de profit, il est conseillé de laisser courir les trades gagnants. Lorsque le titre atteint un objectif ou rencontre une résistance, il est prudent de prendre un profit partiel, par exemple 30 à 50 %. Ensuite, prendre 30 à 50 % du reste progressivement, jusqu'à ce qu'un signe de retournement apparaisse. Après la première prise de profit, il est également judicieux de remonter le stop loss juste en dessous de la résistance devenue support, rendant ainsi le trade définitivement gagnant à partir de ce moment.

Cette approche aide à maximiser les gains tout en contrôlant strictement les pertes, essentiel pour une gestion de portefeuille efficace dans le trading.

CHAPITRE 6

Technique de trading

Nous allons maintenant explorer les méthodes pour intégrer efficacement les indicateurs et l'analyse graphique dans votre stratégie de trading. Dans ce chapitre, nous discuterons des approches spécifiques pour trader dans un range et suivre une tendance. Ces méthodes, lorsqu'elles sont appliquées correctement et avec une gestion du risque rigoureuse, peuvent s'avérer rentables à long terme. Bien qu'il n'existe pas de méthode miracle, de nombreuses stratégies efficaces peuvent être adoptées, à condition qu'elles soient appliquées avec discipline. Notre approche est axée sur la sécurité : nous éviterons les risques excessifs et n'entrerons sur le marché qu'avec le soutien de plusieurs signaux confirmés, tout en préservant toujours le capital.

Stratégie en tendance

Nous abordons à présent la stratégie développée dans cet ouvrage pour ouvrir un trade sur un marché en tendance. Avant tout, il est essentiel d'installer les indicateurs et outils suivants pour une analyse complète :

- MA 50 (Moyenne Mobile de 50 périodes)

- MA 100 (Moyenne Mobile de 100 périodes)

- RSI (Réglage à 14 ou 21, selon la pertinence pour le marché spécifique)

- Stochastique (Réglage à 12-3-3 ou 34-3-5, adapté à la volatilité)

- MACD (Moving Average Convergence Divergence)

- Parabolic SAR (pour identifier les points de retournement potentiel)

Il est également crucial de repérer et tracer les supports et résistances sur le marché. Ce processus doit être effectué sur toutes les unités de temps, en gardant à l'esprit qu'un niveau de support ou de résistance est plus significatif sur une échelle de temps plus longue. Configurez le graphique pour afficher uniquement les niveaux de support et de résistance de l'unité de temps actuelle et supérieure, afin de clarifier l'analyse et de mieux cibler les entrées et sorties potentielles.

Nous débutons par identifier la tendance du cours en utilisant la moyenne mobile 100 sur l'unité de temps hebdomadaire (W), prenant ici l'exemple d'une tendance haussière. Il est crucial de vérifier la présence de divergences baissières sur les unités de temps hebdomadaire (W), journalière (D) et 4 heures (4H).

Ensuite, nous traçons les lignes ou canaux de tendance potentiels sur le graphique et les indicateurs. Pour confirmer une tendance saine, les conditions suivantes doivent être remplies :

- Recherche de points de rebond sur les lignes de tendance.

- Le cours atteint la bande inférieure des Bandes de Bollinger.

- La MA 20 est en dessous de la MA 50, mais l'écart se réduit (la MA 20 se rapproche de la MA 50).

- Attendre que le RSI traverse la zone neutre de 50 en 4H.

- La ligne du MACD doit franchir la ligne de signal à la hausse.

- Le Stochastique doit être bas en W, D et 4H.

- Le Parabolic SAR montre 3 points en dessous en 4H et 1 point en dessous en D.

- Le cours doit franchir à la hausse la MA 50 pour déclencher un signal d'achat.

Il est important de surveiller que la MA 20 traverse bien la MA 50 à la hausse. Concernant la prise de profit, elle sera effectuée au niveau d'une résistance pertinente ou si le cours retombe sur la MA 50 en D. Ce cadre méthodique assure une gestion rigoureuse du risque tout en optimisant les opportunités de profit dans des conditions de marché favorables.

Nous allons identifier la tendance du cours, en utilisant la moyenne mobile 100 sur l'unité de temps de 4 heures (4H), prenant l'exemple d'une tendance haussière. Il est essentiel d'examiner les divergences baissières potentielles sur les unités de temps 4H, 1H, et 15 minutes (15Mn).

Ensuite, nous traçons des lignes ou canaux de tendance potentiels sur le graphique et sur les indicateurs. Pour confirmer une tendance saine, plusieurs conditions doivent être remplies:

• Rechercher des points de rebond sur une ligne de tendance potentielle.

• Le cours doit toucher la bande inférieure des Bandes de Bollinger.

• La MA 20 doit être en dessous de la MA 50, mais l'écart entre elles doit se réduire (la MA 20 se rapproche de la MA 50).

• Attendre que le RSI traverse la zone neutre de 50 sur 5 minutes.

• La ligne du MACD doit franchir la ligne de signal à la hausse.

• La courbe Stochastique doit être en position basse sur 4H, 1H et 15Mn.

• Le Parabolic SAR doit montrer 3 points en dessous en 5Mn et 1 point en dessous en 15Mn.

• Attendre que le cours traverse à la hausse la MA 50 avant d'acheter.

Il est crucial de surveiller que la MA 20 traverse la MA 50 à la hausse. Concernant la prise de profit, elle devrait être effectuée au niveau d'une résistance pertinente ou si le cours retombe sur la MA 50 en journée.

Nous illustrons cette méthode avec l'exemple à droite du graphique 42, concernant un trade sur le XTZ/USD en Day Trading. Je recommande l'utilisation de trois écrans ou un écran partagé pour afficher simultanément les trois unités de temps suivantes: 1H, 15Mn, et 5Mn.

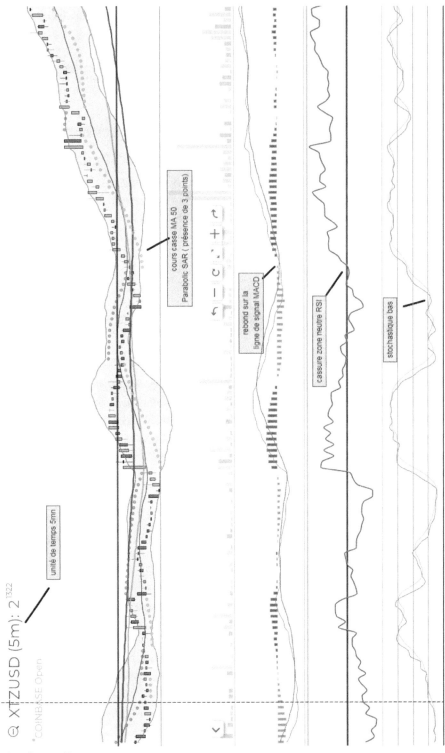

⊖ XTZUSD (5m): 2^1322
● COINBASE Open

unité de temps 5mn

cours casse MA 50
Parabolic SAR (présence de 3 points)

rebond sur la
ligne de signal MACD

cassure zone neutre RSI

stochastique bas

Graphique 42

Nous observons sur le graphique 42 (en 5 minutes) un Stochastique bas et un MACD approchant la ligne de signal :

- Sur le graphique 43 (en 15 minutes), le MACD remonte vers la ligne de signal et le RSI, après avoir cassé, semble prêt à rebondir sur la zone neutre.

- Sur le graphique 44 (en 1 heure), la tendance est légèrement haussière avec le cours qui touche la MA100.

- De retour en 5 minutes, il y a une cassure de la zone du RSI et un rebond du MACD. Le Parabolic SAR montre ensuite 3 points en dessous du cours, ce qui valide cette unité de temps pour nous.

- En 15 minutes, le Parabolic SAR continue de montrer des points en dessous, le RSI rebondit et le cours franchit à la hausse la MA50 (ligne orange).

Sur cette base, nous ouvrons une position à l'achat sur XTZ/USD.

Immédiatement après l'entrée, il est essentiel de configurer un stop loss. Nous utilisons les points du Parabolic SAR affichés sur le graphique 45 (en 1 heure) comme référence pour cela, en plaçant le stop un peu en dessous pour éviter d'être stoppé par de longues mèches. Le risque lié au stop loss est de 2.73 %, ce qui, pour un capital de départ de 1000 euros, nous amène à risquer 366.3 euros sur ce trade.

Le profit est pris à 30 à 50 % à la première cassure de la MA50, puis encore 30 à 50 % du restant à la seconde cassure. Le trade est clôturé à la cassure de la ligne de signal du MACD et de la MA100 en 1 heure. Le stop loss, bien positionné sous les points bas du Parabolic SAR, peut être ajusté progressivement à mesure que les points montent.

Cette approche structurée permet de maximiser les gains tout en contrôlant strictement les pertes, ce qui est essentiel pour une gestion efficace du risque en trading.

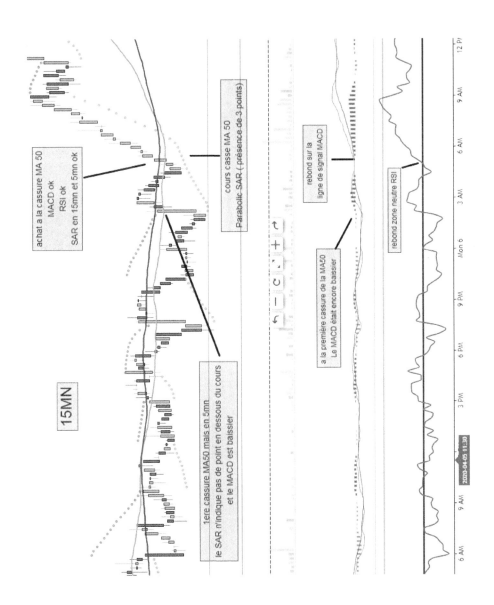

Graphique 43

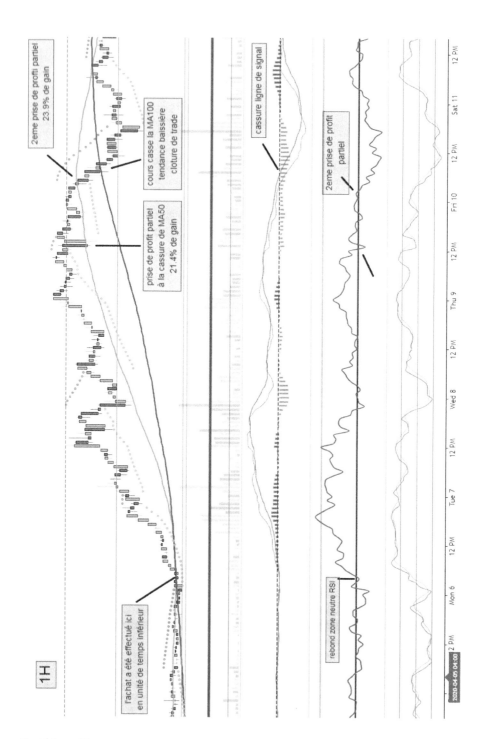

1H

2eme prise de profit partiel
23.9% de gain

cours casse la MA100
tendance baissière
cloture de trade

prise de profit partiel
à la cassure de MA50
21.4% de gain

l'achat a été effectué ici
en unité de temps inférieur

cassure ligne de signal

2eme prise de profit
partiel

rebond zone neutre RSI

2020-04-05 04:00

2 PM   Mon 6   12 PM   Tue 7   12 PM   Wed 8   12 PM   Thu 9   12 PM   Fri 10   12 PM   Sat 11   12 PM

Graphique 44

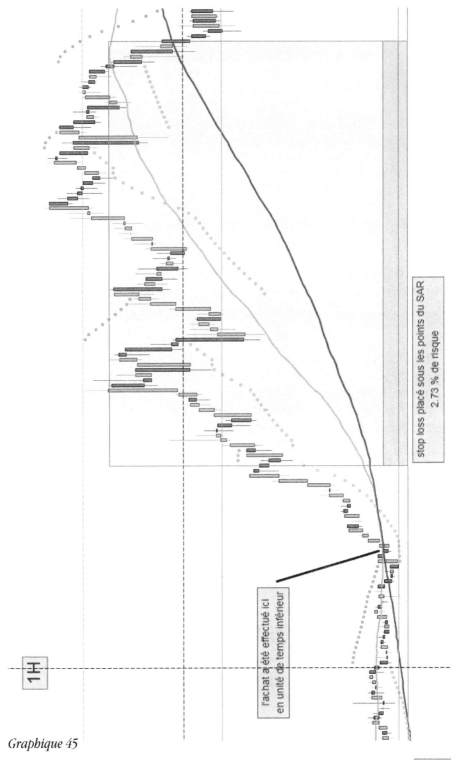

stop loss placé sous les points du SAR
2.73 % de risque

l'achat a été effectué ici
en unité de temps inférieur

1H

Graphique 45

83

Stratégie en range

Nous explorons maintenant la stratégie développée dans cet ouvrage pour trader efficacement sur un marché qui évolue en range. Avant de commencer, il est essentiel de configurer les indicateurs suivants, qui nous aideront à identifier les opportunités de trading dans un marché stable :

• Bandes de Bollinger : pour visualiser la volatilité et les niveaux de support et de résistance naturels.

• MA 50 et MA 100 (Moyennes Mobiles) : pour observer les tendances à moyen et long terme.

• RSI (Réglage 14 ou 21) : pour identifier les conditions de surachat et de survente.

• Stochastique (Réglage 12-3-3 ou 34-3-5) : pour détecter les moments où le marché est potentiellement suracheté ou survendu.

La première étape consiste à établir un canal sur le graphique qui marquera les points hauts et bas potentiels. Il est également crucial de déterminer la meilleure unité de temps pour trader ce range, en fonction de la volatilité et de la fréquence des signaux.Pour ouvrir un trade en range à l'achat, il est recommandé que l'une des conditions suivantes soit remplie :

• Le RSI indique une condition de survente, est aligné sur une ligne de tendance ou est proche de la zone de neutralité.

• Le cours touche la bande inférieure des Bandes de Bollinger.

• Le Stochastique est en position basse.

• Présence de figures de bougies japonaises indiquant un retournement potentiel.

• Pour clôturer un trade en range, les conditions suivantes doivent être observées :

• Le cours atteint la bande supérieure des Bandes de Bollinger.

• Le RSI est en surachat ou suit une ligne de tendance descendante.

• Le Stochastique est en position haute.

- Présence de figures de bougies japonaises signalant un potentiel retournement baissier.

En suivant ces directives, les traders peuvent optimiser leurs entrées et sorties en profitant des fluctuations naturelles d'un marché en range, tout en minimisant les risques grâce à une gestion rigoureuse des signaux techniques.

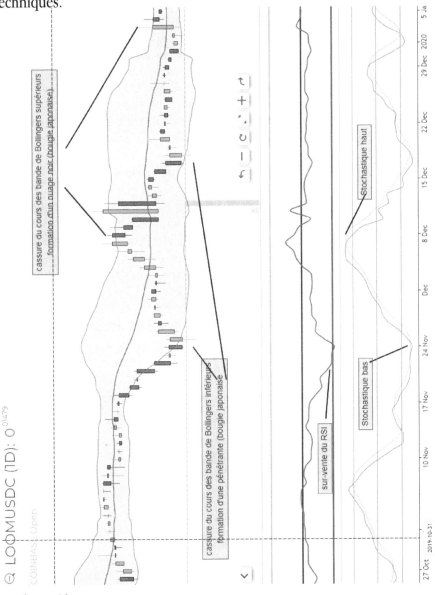

Graphique 46

Nous allons maintenant   commenter le graphique 46 (ci-dessus) qui résume cette situation.

Le cours sort à la baisse des bandes inférieures de Bollinger, coïncidant avec l'apparition d'une figure de bougie pénétrante. À ce moment, le Stochastique est bas et le RSI indique une survente, suggérant un potentiel rebond haussier. C'est un moment idéal pour ouvrir une position. Le stop loss est alors judicieusement positionné juste en dessous d'un support clairement identifié.

Alors que le cours monte et franchit la bande supérieure de Bollinger, une figure de nuage noir apparaît, signifiant un potentiel retournement baissier. Simultanément, le Stochastique atteint un niveau élevé, indiquant que c'est un bon moment pour clôturer la position.

De plus, nous observons que les bandes de Bollinger se resserrent vers la droite du graphique 46. Ce resserrement indique que la volatilité diminue et que le cours entre dans une phase de compression, où un mouvement significatif est imminent. Il est prudent de suspendre les prises de position en bas du range durant cette phase de compression.

Sur le graphique 47, qui continue l'observation du cours, nous constatons que le cours évolue dans un nuage très serré des bandes de Bollinger, signifiant une forte compression. Lorsque le cours sort à la hausse des bandes et que cette sortie est confirmée par une deuxième bougie, tandis que le RSI monte au-dessus de la zone neutre, nous ouvrons une position acheteuse.

Le stop loss est placé en dessous de la bande inférieure de Bollinger pour protéger la position.

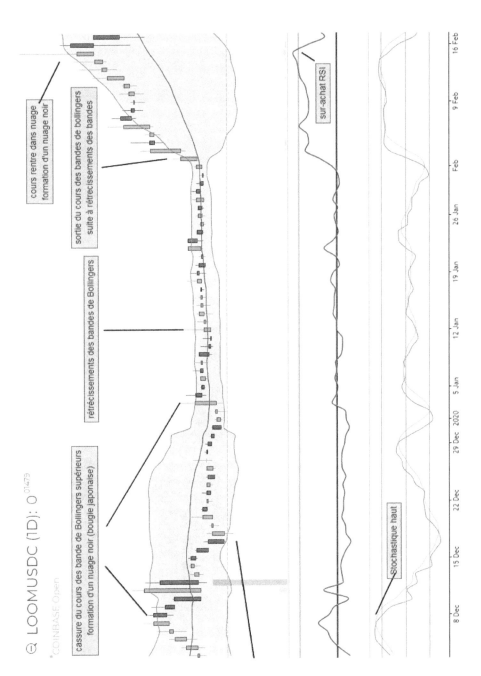

Graphique 47

CHAPITRE 7

Il est temps de passer à l'action

Vous avez maintenant acquis, grâce à cet ouvrage, une compréhension approfondie de l'importance de la psychologie en trading. Vous avez appris à maîtriser des indicateurs techniques puissants et à identifier diverses figures de retournement de tendance. De plus, vous avez découvert comment combiner efficacement les signaux des indicateurs pour ouvrir et clôturer des positions. Vous êtes désormais prêt à passer à l'action. Dans ce chapitre final, nous explorerons les choix à faire en termes de plateformes d'échange pour acheter vos premières cryptomonnaies, en incluant une analyse de leurs frais respectifs. Nous présenterons également les logiciels essentiels pour le trading. Nous découvrirons la routine quotidienne d'un trader, une pratique à adopter aussi rapidement que possible. Enfin, nous conclurons avec une présentation des différents secteurs dans lesquels investir en 2024.

Quelles plateformes d'exchanges utiliser ?

Le choix de la plateforme d'échange en cryptomonnaies est crucial, surtout dans un marché qui n'est pas entièrement régulé. Voici les quatre critères essentiels à considérer lors de la sélection d'un exchange :

1. **La sécurité :** C'est le critère le plus important. Les incidents comme le scandale de la plateforme FTX soulignent la nécessité de choisir des plateformes établies avec une solide réputation. Opter pour des exchanges qui ont fait leurs preuves en termes de sécurité et qui bénéficient d'une bonne reconnaissance sociale est primordial.

2. **Les frais de transactions** : Ces frais varient d'une plateforme à l'autre et peuvent affecter significativement la rentabilité de vos opérations, surtout pour les traders actifs.

3. **Le nombre de cryptomonnaies disponibles** : Plus le choix est large, plus vous avez de flexibilité pour diversifier vos investissements.

4. **La facilité d'utilisation** : Une plateforme intuitive est essentielle, surtout pour les nouveaux utilisateurs.

Parmi les plateformes que je recommande, voici deux exemples que j'utilise personnellement :

Coinbase : Reconnue pour être une des plateformes les plus sécurisées dans le paysage crypto, Coinbase n'a jamais été piratée et offre un stockage à froid des fonds. Elle utilise l'authentification à deux facteurs (2FA), ce qui est devenu un standard de sécurité. En tant qu'entreprise basée à San Francisco, elle est soumise à la rigoureuse réglementation financière des États-Unis.

Binance : C'est l'une des plus grandes plateformes de cryptomonnaie au monde. Elle a subi un piratage en 2019 où 7000 Bitcoins ont été dérobés, mais Binance a couvert toutes les pertes et a depuis renforcé ses mesures de sécurité. Elle utilise également le stockage à froid et l'authentification à deux facteurs.

Pour ceux qui envisagent Coinbase, il est important de noter qu'il existe deux versions de la plateforme : Coinbase et Coinbase Pro.

• Coinbase est conçu pour les investisseurs de long terme qui préfèrent une interface utilisateur simple. Bien que plus facile à utiliser, cette plateforme a des frais relativement élevés, ce qui peut être un inconvénient pour ceux qui effectuent fréquemment des transactions.

• Coinbase Pro est optimisée pour le trading actif, offrant des outils avancés tels que le trading avec stop loss et des frais de transaction réduits par rapport à la version standard de Coinbase.

D'autre part, Binance est principalement utilisée pour le trading. Elle se distingue par un large éventail de cryptomonnaies disponibles et des frais de transaction très compétitifs, ce qui en fait un choix attrayant pour les traders actifs.

Le choix entre Coinbase et Binance dépendra donc de vos priorités :

• Optez pour Coinbase si la sécurité et la simplicité sont vos principales préoccupations, bien que cela puisse coûter plus cher en frais de transaction.

• Préférez Binance pour ses faibles frais de transaction et son large éventail de cryptomonnaies disponibles, ce qui est idéal pour les traders à la recherche de diversité et de valeur.

Indépendamment de la plateforme choisie, il est fortement conseillé d'utiliser une solution de stockage de cryptomonnaies hors ligne, comme une clé privée de type LEDGER, pour sécuriser vos investissements en cryptomonnaie. Cette méthode ajoute une couche de sécurité en stockant vos actifs loin des plateformes en ligne, minimisant ainsi le risque de piratage.

Les différents frais engendrés

Coinbase

Frais de carte bleue : **3.99 %**

Frais de virement SEPA : **dépots gratuits et frais retraits de 0.15 euro**

Frais de transaction entre crypto : **0.5 %**

Coinbase Pro

Frais de carte bleue : **pas de gestion CB (transfert depuis Coinbase)**

Frais de virement SEPA : **dépots gratuits et retraits gratuits**

Frais de transaction entre crypto : **0.5 % à 0.04 % suivant le volume**

Coinbase Pro

Frais de carte bleue : **1.8 à 2 % selon région**

Frais de virement SEPA : **Dépots gratuits et frais retraits suivant région**

Frais de transaction entre crypto : **0.1 % et 0.05 % si détention de BNB**

Mise à jour 03/2024

Les logiciels d'analyse

Dans le domaine du trading, l'utilisation de logiciels d'analyse technique est essentielle pour prendre des décisions éclairées. Trois outils se démarquent pour leur efficacité et leurs fonctionnalités adaptées aux différents besoins des traders :

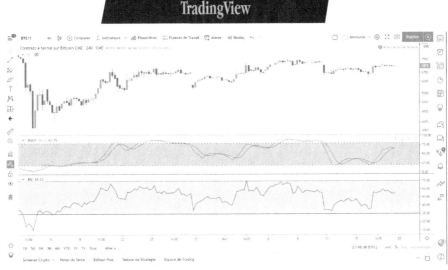

Graphique 48

Type : Plateforme en ligne

Description : TradingView est largement utilisé pour la création de graphiques dans cet ouvrage. C'est une plateforme en ligne qui offre des outils d'analyse avancés et la possibilité de partager des stratégies de trading.

Version de Base : Limitée à trois outils maximum et une seule alerte, ce qui inclut des indicateurs tels que les moyennes mobiles et les bandes de Bollinger.

Version Payante : Offre un accès illimité à plus d'outils et d'alertes, ce qui est idéal pour les traders actifs. La version payante inclut un screener intégré très utile pour filtrer les titres selon divers paramètres.

Usage Personnel : J'utilise personnellement la version payante car elle permet de surveiller tous les cours qui m'intéressent et sa fonction de screener est particulièrement pertinente. De plus, la version mobile est très agréable à utiliser. Il a d'ailleurs servi pour dessiner la plupart des graphiques de cet ouvrage.

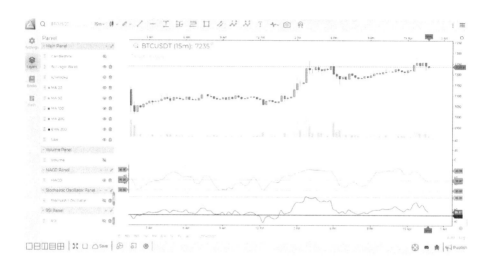

Graphique 49

Type : Logiciel en ligne

Utilisation : Utilisé pour appliquer des méthodes de trading spécifiques, Gocharting est un outil d'analyse technique qui permet aux traders de suivre et d'analyser les marchés en temps réel. Je l'ai utiliser d'ailleurs pour la méthode de trading de ce livre.

Caractéristiques : Propose des fonctionnalités de trading algorithmique, une intégration avec divers exchanges de cryptomonnaies, et des outils d'analyse avancés pour une application précise des stratégies de trading.

Graphique 50

Type : Logiciel téléchargeable

Utilisation : ProRealTime est idéal pour ceux qui préfèrent une application robuste installée localement pour leur analyse technique. Ce logiciel est particulièrement apprécié pour sa fiabilité et la profondeur de ses fonctionnalités d'analyse.

Caractéristiques : Graphiques de haute qualité, données de marché mises à jour en continu, programmation de stratégies de trading automatisées, et une large gamme d'indicateurs et d'outils graphiques.

La routine quotidienne du trader

Dans la vie du trader, il existe une certaine routine à adopter absolument afin de permettre une progression constante dans son trading. Il faudra avant chaque trade analyser le titre, tracer les supports/résistances, et prévoir plusieurs scénarios possibles avec un plan de trading à adopter et à respecter pour chacun de ces scénarios.

Il est très important, après avoir lu cet ouvrage, de personnaliser la méthode en fonction de son style et de sa personnalité. Il faudra se constituer un plan de trading sur papier et absolument le respecter à la lettre en toute circonstance.

Il faudra également tenir un journal de trading, que l'on complétera après chaque clôture de trade en mentionnant la cryptomonnaie, la date, la taille de la position, le stop loss, les signaux qui ont motivé l'ouverture de ce trade, et nous terminerons par une analyse de la raison du gain ou de la perte du trade.

Le fait de tenir ce journal permet à l'intervenant de mieux assimiler la méthode, de mieux comprendre ses qualités, ses faiblesses aux niveaux techniques et psychologiques. Cela permet une progression constante.

Il est prouvé qu'un trader qui respecte la tenue d'un journal au quotidien progresse plus rapidement, sans stagnation, contrairement à un intervenant qui se contenterait de juste trader de manière basique.

CHAPITRE 8

Se préparer au cycle d'un bull run

Dans cette dernière partie, nous allons voir comment se préparer efficacement à entrer à l'achat et sortir du marché de sorte à maximiser ses gains. Nous allons examiner pour cela les différentes phases émotionelles que compose un cycle haussier (bull run). Nous déterminerons également les bons moments pour basculer entre les différentes catégories d'actifs cryptos.Depuis le début de la création de Bitcoin, nous avons pu remarquer une certaine corrélation et répétition au niveau cyclicité de temps de cet actif qui détermine à lui seul la phase d'entrée ou non sur un cycle haussier (bullrun). Effectivement, le halving qui se trouve être tout les 4 ans y est pour quelque chose.Le bitcoin connait donc des cycles haussiers avec un plus haut environ tout les quatres ans pour l'instant. Cette donnée influe énormément sur les comportements des acteurs de ce marché.

Les phases émotionnelles d'un cycle de bullrun

Nous allons à présent décomposer ce cycle de 4 ans et montrer les différentes phases émotionneles que les acteurs du marché subissent. Prenons l'exemple du graphique à droite :

Espoir - Suite à une période de septicisme générale qui s'est instauré, il y a enfin une petite hausse des cours brève qui redonne de l'espoir. Un léger réveil de l'intérêt général se produit.

Optimisme - La hausse des prix est enfin confirmé. L'intérêt grandit, les acteurs du marché se sentent mieux. Des gains commencent à se produire.

Croyance/Conviction - La hausse de prix continue. L'optimisme devient une conviction forte. L'envie d'investir est très présente.

Excitation - La hausse accèlère, beaucoup de personnes sont en profits. L'excitation est contagieuse.

Euphorie - Les médias et les personnes non initiés parlent partout du bitcoin. Les gens rêvent de leurs futurs maisons et voitures de luxes.

Complaisance - Ces personnes deviennent complaisantes, le cours retrace, mais cela ne change en rien la conviction forte que ces acteurs ont dans la hausse du cours.

Anxiété - Le cours continue à baissé, ces personnes positionnées sur le cours commence à se sentir anxieuse. Le doute s'installe.

Déni - Les acteurs ont peur, mais sont en situation de dénie, il refuse la chute des cours et se disent que le cours va remonter.

Peur/Panique - La prise de conscience du retournement baisssier s'installe. Le sentiment de s'être fait piégé fait vendre massivement les acteurs du marché.

Capitulation - Ici, les personnes capitule en clôturant toutes leurs positions à pertes. Le bull run est terminé et pas de la meilleur des façons.

Colère/Frustration - Un fort sentiment de colère s'en suit. Les personnes se reprochent de ne pas avoir vendu plus tôt.

Dépression - La colère se transforme en déception, avec l'envie d'arrêter.

Indifférence/Septicisme - Les acteurs deviennent méfiant du marché.

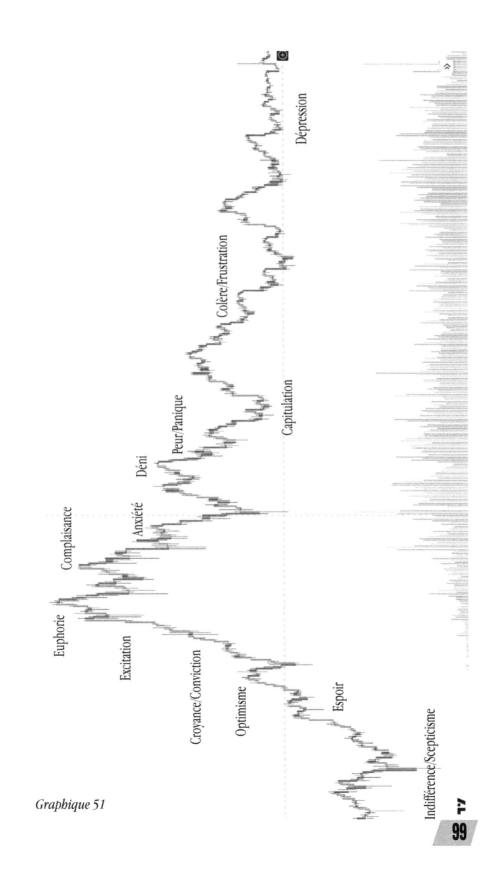

Graphique 51

Euphorie

Complaisance

Excitation

Anxiété

Croyance/Conviction

Déni

Optimisme

Peur/Panique

Colère/Frustration

Dépression

Capitulation

Espoir

Indifférence/Scepticisme

Comment et quand rentrer sur un bull run ?

Dans un monde idéal, nous devrions simplement apprendre à maîtriser nos biais psychologiques, ensuite nous positionner avec la totalité de notre capital pendant la phase d'indifférence et de scepticisme, et attendre que nos collègues de travail, notre tante, notre grand-mère, et les journaux TV parlent à outrance du Bitcoin comme de la solution miracle pour s'enrichir, pour ensuite tout vendre et s'auto-proclamer un investisseur ou trader d'exception. Seulement voilà, qu'est-ce qui nous garantit que cette phase d'indifférence et de scepticisme marque réellement la fin de la baisse ? Prenons l'exemple du bear market (marché baissier) qui a suivi la hausse fulgurante de 2017. Le cours a baissé tout au long de la première moitié de l'année 2018 et cela jusqu'à l'été. Ensuite, le Bitcoin s'est installé dans une longue période de scepticisme. Si l'on s'était uniquement appuyé sur l'analyse psychologique des acteurs du marché, nous nous serions positionnés à l'achat en pensant que c'était le bon moment pour accumuler. Seulement voilà, le marché en a décidé autrement, et le Bitcoin a connu, en un peu plus d'un mois, une chute de 50 % de sa valeur contre le dollar (graphique ci-dessous).

Graphique 52

Nous constatons que si nous avions placé notre capital pendant cette période dite d'accumulation, nous aurions perdu 50 % de ce dernier. De plus, nous aurions été bloqués pendant 6 mois avec un biais psychologique important, susceptible d'occasionner de grosses erreurs de jugement. C'est pour cette raison qu'il est crucial d'adopter une stratégie de gestion du risque bien encadrée.

Quels risques êtes-vous prêt à prendre ?

Sur le marché, le degré de risque est proportionnellement corrélé au gain potentiel. En effet, si l'on décide de placer une quantité significative de son capital dans une nouvelle cryptomonnaie à faible capitalisation, cela représenterait un investissement risqué. Nous nous exposerions à une chance de gain énorme en cas de pari à la hausse réussi, mais malheureusement, cela serait également vrai en cas de baisse. Nous pourrions voir notre capital se réduire presque entièrement.

La méthode de trading présentée dans ce livre explique comment pratiquer le Day Trading et le Swing Trading de manière à éviter tout risque de perte en capital. L'objectif est de capitaliser sur le long terme. Les gains viendront avec le temps si l'on respecte scrupuleusement le money management et si l'on s'appuie sur des entrées en cours soutenues par des indicateurs techniques.

Néanmoins, pour une personne débutant avec un faible capital, et en fonction du risque que l'on est prêt à prendre, il pourrait être judicieux de diversifier ses investissements entre trois techniques d'approches différentes pour optimiser au maximum son potentiel de gain :

• Trading avec gestion du risque : Utiliser une gestion du risque rigoureuse comme décrite dans cette méthode.

• Investissement avec DCA (Dollar Cost Average) : Investir régulièrement une somme fixe dans un actif, indépendamment de son prix, idéalement commencé durant une période de scepticisme ou lors d'un retracement. Le principe est d'acheter à une moyenne et de vendre à une moyenne.

• Prise de risques sur des cryptomonnaies à très faible capitalisation : Allouer une très petite partie du capital aux actifs présentant une volatilité extrême, tels que des tokens en prévente avant leur lancement sur le marché. Le risque est très élevé, mais les potentiels de gain sont considérables.

Ces approches, si bien gérées, peuvent offrir une stratégie équilibrée et adaptée aux différents profils de risque des investisseurs.

Les rotations des cryptos pendant le bull run

Cette partie est cruciale si nous souhaitons tirer pleinement parti de l'engouement du marché et optimiser l'efficacité de notre trading. Nous devons nous positionner sur les meilleures cryptomonnaies du moment, celles qui surperforment les autres, afin de réaliser des trades offrant le meilleur rapport risque/récompense (Risk/Reward). Voici, par ordre d'importance, les cryptomonnaies sur lesquelles nous concentrer :

1. Bitcoin

2. Ethereum

3. Altcoins

4. Shitcoins

En règle générale, la phase haussière est dominée par le Bitcoin. Nous devons donc prioriser le Bitcoin par rapport aux autres cryptomonnaies. Toutefois, durant le cycle de bull run des cryptos, une rotation des actifs se produit pendant cette phase haussière. Une fois la tendance haussière confirmée, nous nous concentrerons principalement sur quatre graphiques :

- **Crypto Total Market Cap / USD (TOTAL)** : Ce graphique permet de surveiller la tendance globale du marché des cryptos par rapport au dollar.

- **BTC/USDT** : Il suit la tendance du Bitcoin.

- **BTC.D (Market Cap Dominance)** : Ce graphique permet de contrôler la dominance du Bitcoin par rapport aux Altcoins. Une baisse dans ce graphique indique qu'il est temps de se positionner sur les Altcoins.

- **Altcoins/BTC** : Durant une phase de bull run, nous prendrons des positions sur les Altcoins uniquement contre Bitcoin, dans le but de le surperformer. Nous éviterons d'utiliser des paires contre l'USDT pour ces transactions.

Les rotations des secteurs d'Altcoins

Nous avons observé qu'il existe généralement une rotation des cryptomonnaies durant les phases haussières. Le Bitcoin initie le cycle, suivi par les Altcoins, incluant Ethereum qui, malgré sa position de deuxième crypto la plus valorisée, fait partie de cette catégorie. En fin de cycle haussier, ce sont souvent les shitcoins qui prennent le relais. Cependant, il est crucial de ne pas prendre ces observations pour des généralités et de ne pas se laisser distraire par le bruit ambiant. Les nouvelles, les influenceurs et les grands acteurs du marché alimentent souvent les rumeurs et les faux signaux qui inondent le marché. Notre objectif est de rester lucide et d'utiliser notre connaissance des graphiques pour naviguer efficacement dans ce milieu.

Abordons maintenant les Altcoins, car il y a une rotation notable par secteurs d'activité durant ces périodes haussières. Les Altcoins à la mode du moment sont ceux sur lesquels il est judicieux de surfer. Généralement, un secteur se distingue, créant un engouement autour des Altcoins qui en font partie. Ces monnaies explosent rapidement en valeur, mais certaines arrivent en retard et présentent donc des opportunités de trading intéressantes. Lorsque l'engouement commence à faiblir, un autre secteur émerge et explose à son tour. Notre but est de nous positionner rapidement à la suite d'un engouement pour un secteur donné et de préparer une sortie tout aussi rapide. Dans ce contexte, les choses évoluent très vite.

Voici quelques-uns des secteurs d'Altcoins connus qui peuvent bénéficier de cette hype, ainsi que quelques domaines émergents :

- Gaming
- Métavers
- Interopérabilité
- Tokenisation
- Identité numérique et sécurité
- DeFi (Finance décentralisée)
- Oracles
- Couches 2 (Layer 2)
- Finance durable et énergie verte
- Chaîne d'approvisionnement

Sortir correctement du bull run

Faire des gains théoriques pendant un bull run est relativement simple car presque tout le marché est en hausse. Cependant, concrétiser ces gains en sortant du marché crypto est une toute autre affaire. En effet, malgré les personnes qui prétendent avoir vendu au pic, la majorité des acteurs ressort du bull run avec le sentiment qu'ils auraient pu faire mieux. D'une part, nous pouvons quitter le marché trop tôt, manquant ainsi une partie de la hausse potentielle, ou d'autre part, nous sortir trop tard et ainsi voir une partie de nos gains s'éroder.

Nous devons donc nous préparer à cette désillusion et accepter que c'est une étape normale et nécessaire pour réussir à sortir victorieux d'un bull run. Il est impossible de vendre exactement au plus haut, tout comme il est improbable de gagner à l'Euromillions ; c'est une question de chance.

Nous ne voulons pas baser toute notre stratégie sur la chance, donc nous allons adopter une approche logique en surveillant plusieurs critères :

• La hausse du marché devient très verticale.

• Les médias grand public et nos proches en parlent beaucoup.

• Les indicateurs comme le RSI atteignent des niveaux extrêmes.

• Trop de personnes se vantent de leurs gains sur des plateformes comme Twitter.

• La présence de divergences baissières commence à se faire sentir.

• Les gros acteurs du marché annoncent des prédictions exorbitantes pour le Bitcoin.

C'est ce mélange de critères qui devrait nous inciter à vendre nos positions acheteuses sur le marché. Nous pouvons aussi avoir fixé préalablement des objectifs grâce au retracement de Fibonacci. Dans ce cas, nous devrions nous en tenir à notre plan et prendre des profits de manière segmentée, à mesure que nous atteignons nos objectifs. Dans tous les cas, il n'est pas conseillé de sortir entièrement du marché. Il est judicieux de laisser courir une partie du trade, tant que les confirmations d'un changement de tendance ne sont pas claires. Ainsi, nous restons alignés avec l'idée d'accepter de vendre un peu trop tôt ou de perdre une petite partie d'un profit potentiel.

CONCLUSION

Nous voici donc arrivés à la fin de ce livre. Au fil des pages, nous avons passé en revue toutes les techniques de trading pertinentes pour réaliser des gains sur le marché des cryptomonnaies. L'analyse fondamentale, l'analyse technique, la psychologie des foules, et une gestion du risque contrôlée sont autant d'outils qui nous permettront de rester rentables sur le long terme. Cependant, pour atteindre cet objectif, il est crucial d'apprendre de ses erreurs. Peu de personnes réussissent à appliquer rigoureusement les enseignements de ce livre, et c'est là que réside le véritable secret. Si vous parvenez à respecter scrupuleusement le plan établi, vous aurez la possibilité de faire partie des 25 à 30 % des traders qui gagnent de l'argent sur ce marché. Mon conseil est de garder ce livre à portée de main et de relire régulièrement les chapitres les plus complexes afin de bien les assimiler. Parallèlement à cela, il existe un outil puissant qui constituera 80 % de votre apprentissage. Et je vous assure que je n'exagère pas en disant cela. Le secret réside dans la tenue quotidienne d'un journal de trading. Un simple journal, oui, mais d'une efficacité redoutable dans le monde du trading. Tenir régulièrement ce journal vous aidera à ancrer des habitudes saines, à corriger des biais psychologiques, et à perfectionner votre maîtrise de l'analyse technique. Ce sera votre levier de progression le plus significatif, alors croyez-moi, faites-le. Pour vous aider dans cette démarche, j'ai une petite surprise pour vous. J'ai décidé de vous offrir un journal de trading en version PDF imprimable, disponible en téléchargement sur la page suivante. Vous avez désormais toutes les ressources nécessaires pour progresser vers un trading efficace.

Scannez ce

QR CODE

pour recevoir
ce

JOURNAL

TRADING

en

PDF

Votre avis est important

J'espère que ce livre a répondu à vos attentes. J'ai consacré beaucoup de temps à essayer de retranscrire au mieux ce que j'ai appris sur le trading. Écrire n'est pas toujours facile, mais je me suis investi pleinement dans cette tâche et je vous remercie sincèrement pour la confiance que vous m'avez accordée en choisissant de lire ce livre. Si vous avez une petite trentaine de secondes à me consacrer, je vous invite à scanner le QR Code ci-dessous et à laisser votre avis en commentaire. Ce serait pour moi une grande fierté de lire vos impressions. Vos commentaires contribuent également à augmenter la visibilité de ce livre, ce qui m'aide à atteindre plus facilement d'autres lecteurs.

Merci beaucoup,

Sylvain

Printed by Amazon Italia Logistica S.r.l.
Torrazza Piemonte (TO), Italy

60717087R00060